# ヘイト・スピーチの法的研究

金 尚均 編 Kim Sangyun

Legal Study of Hate Speech

森千香子
安田浩一
中村一成
遠藤比呂通
小谷順子
櫻庭 総

法律文化社

はじめに

　2013年，日本社会でヘイト・スピーチという言葉が広く，そして，おそらくはじめて知られるようになった。果たして，ヘイト・スピーチとは，いったい何であろうか。その典型は，公共の場である道路などでのデモや街宣活動において大勢の集団が拡声器などを用いて大声で，しかも攻撃的に「チョンコは日本から出て行け」，「南京大虐殺のつぎは，鶴橋大虐殺をするぞ」などとひどい罵詈雑言を連呼することである。これによって日本にいる外国人，とりわけ在日韓国・朝鮮人，中国人をターゲットにして日本から排外しようとする。2009年4月11日，フィリピン人カルデロンさん一家の強制退去問題で，大勢で，「犯罪フィリピン人カルデロン一家を日本から叩き出せ！」と一家を名指ししたシュプレヒコールをあげながらデモ行進し，こどもの通う中学校学区内，中学前を練り歩いた。同年12月4日，京都朝鮮第一初級学校の校門を挟んで，11名の者が白昼堂々，「ろくでなしの朝鮮学校を日本から叩き出せ。なめとったらあかんぞ。叩き出せ」「日本から出て行け。何が子供じゃ，こんなもん，お前，スパイの子供やないか」「約束というものは人間同士がするものなんですよ。人間と朝鮮人では約束は成立しません」などと拡声器などを用いて怒号した。このような具体的な個人や集団をターゲットにした攻撃だけにとどまらず，在日韓国・朝鮮人や中国人など，一定の属性によって特徴づけられる集団に対して日本からの排撃を目的としたデモや街宣活動が，在日外国人が集住する地域で行われる事態に至っている。ここで注意を向けなければいけないことは，大勢による上記のような罵詈雑言，つまり攻撃的な侮辱的表現の連呼が，一定の属性によって特徴づけられる集団，すなわちその集団の存在そのもの，集団の構成員全体の存在そのものの否定，蔑みそして敵視のために行われていることである。ここでは，具体的な被害者が特定されていないのではなく，まさに攻撃対象となった集団の全ての構成員が被害者とも言えるのである。

　かつてから，被差別部落出身者や在日韓国・朝鮮人に対する偏見や蔑視に根

ざした差別が存在し，公衆トイレや街角などで心のない差別表現が落書きされていた。差別的表現については日本でも憲法の学界において，表現の自由との関わりで議論されてきた。また，1995年に日本政府が人種差別の撤廃に関する国際条約に加入する前後において差別的表現に対する法的規制の是非が議論された。本書の主たる関心として，従来問題にされてきたこの「差別的表現」と「ヘイト・スピーチ」は同列に扱ってよいのであろうか，という問題をあげることができる。極端に言うと，一人の個人によってこっそりと書かれた陰湿な落書きと，公共の場で大勢が（50-60人またはもっと大勢）拡声器などを用いて大声で周辺の人々にいやでも聞き及ぶシュプレヒコール・罵声を浴びせることを差別的表現という従来から用いられてきた言葉で一括にしてしまってよいのであろうか。後者には，単に表現活動にとどまらない，社会における偏見と敵愾心を蓄積させ，これによって将来の暴力的犯罪を誘発する固有のダイナミクスがある。在日外国人に対する排外を目的として行動及び表現の過激さや攻撃性から，差別に根ざした攻撃の質及び量の変化を見て取るべきではなかろうか。その意味で，日本政府の言う「我が国の現状が，既存の法制度では差別行為を効果的に抑制することができず，かつ，立法以外の措置によってもそれを行うことができないほど明白な人種差別行為が行われている状況にあるとは認識しておらず，人種差別禁止法等の立法措置が必要であるとは考えていない」(国連人種差別撤廃委員会の日本政府報告審査に関する最終見解に対する日本政府の意見（2001年））との意見は，すでに現状に即していないのではなかろうか。

　本書は，以上のヘイト・スピーチの問題性を各執筆者が固有の課題として共有しながら，学際的見地からアプローチしている。ヘイト・スピーチの問題は，日本では未だ目新しい社会問題のままであり，そのため，これに対する一つの方向性は社会において示されていない。暗中模索の状態といっても過言ではない。ヘイト・スピーチに関する文献は，この間，様々な方面から公にされている。しかし，肝心の法的規制の問題については踏み込んだ議論は行われていない。本書は，ジャーナリズム，社会学の所見を前提にして，憲法学と刑法学の見地からヘイト・スピーチの法的規制の是非を問う。とりわけ両法学領域において法的規制の賛否を明確に意識して議論をすることを心がけた。これによって各論者がヘイト・スピーチに対する憂慮の念をもちつつ，これに対する

法的規制についてそれぞれの見地から検討を加え，現時点における見解を示している。

本書を通じて，単に「腹が立つ」「不快だ」ということを超えて，ヘイト・スピーチの害悪とは何なのかということを明らかにしていく一歩としたい。

〔3刷にあたって〕
　2016年5月24日、第190回国会（常会）の衆議院本会議で「本邦外出身者に対する不当な差別的言動の解消に向けた取組の推進に関する法律」（以下、ヘイト・スピーチ法）が成立した。日本政府は1995年に人種差別撤廃条約に加入した。本条約が1965年に国連で全会一致で採択されてから30年後の出来事である。また、採択から51年後に──幾つかの問題を残しつつも──本法が成立した。この51年という歳月が流れる中で、日本は、本条約に批准・加入を長らくしなくてもよいほど調和のとれた、差別問題もなんらない社会だったのであろうか。現実にはそうとは言い難い。条約加入後も国内法の整備は行われてこなかったというのが現実ではなかろうか。国際社会の一員として、日本において、グローバルスタンダードとしての基本的人権の保障と人種差別の撤廃のために、その一歩を歩み出すことができた。

　本ヘイト・スピーチ法は、第2条で、第一に、本法におけるヘイト・スピーチによる攻撃からの保護対象を定めている。ここでは、「本邦外出身者」とは、専ら本邦の域外にある国若しくは地域の出身である者又はその子孫であって適法に居住するものと定義している。これにより、難民申請者や不法滞在者などは適法に居住していないとされる者として扱われ、保護の対象から除外される。また、性別、性的指向、世系又は民族的若しくは種族的出身という要件は排除されている。第二に、不当な差別的言動（ヘイト・スピーチ）の定義が示されている。しかし、これを禁止しているわけではない。これに加えて差別的言動をした者に対する規制もない。その意味では、本法は、昨今の排外主義的なデモの中で発せられるヘイト・スピーチに対して国の意志を示したことにその意義を求めることができる。ヘイト・スピーチが蔓延する社会では、マイノリティに対する差別は、これを諦観するサイレントマジョリティを形成し、制度的差別・排除を正当視されることになる。

　本法が制定されたことは社会的に大きな意義があるが、対象をヘイト・スピーチに限定したことは、本法が差別問題の一端に触れたに過ぎない。ヘイト・スピーチの前後にある制度的差別の問題に踏み込む必要があることを忘れてはいけない。

# 目 次

はじめに

## 第Ⅰ部　日本におけるヘイト・スピーチ

### 第1章　ヘイト・スピーチとレイシズムの関係性　　森　千香子
　　　　――なぜ，今それを問わねばならないのか
　Ⅰ　問題の所在　*3*
　Ⅱ　レイシズムの変貌：科学的レイシズムから文化的レイシズムへ　*4*
　Ⅲ　草の根のレイシズムと上からのレイシズム　*8*
　Ⅳ　憎悪，無視，同情：レイシズムの多様な表現と連続性　*12*
　Ⅴ　むすびに代えて：ヘイト・スピーチをめぐる危険と「希望」　*15*

### 第2章　新保守運動とヘイト・スピーチ　　安田　浩一
　Ⅰ　ヘイト・スピーチの実際　*18*
　Ⅱ　日本におけるヘイト・スピーチ　*25*
　Ⅲ　なぜ，ヘイト・スピーチをするのか　*28*

### 第3章　ヘイト・スピーチとその被害　　中村　一成
　Ⅰ　問題の所在　*35*
　Ⅱ　京都朝鮮第一初級学校襲撃事件：何が起ったのか　*36*
　Ⅲ　ヘイト・スピーチが与える心的被害　*37*
　Ⅳ　ヘイト・スピーチによって生じる多岐にわたる被害　*46*

## 第Ⅱ部　表現の自由とヘイト・スピーチ

### 第4章　表現の自由とは何か　　遠藤比呂通
　　　　――或いはヘイト・スピーチについて

- Ⅰ 問題設定　*55*
- Ⅱ 個人の尊重と差別禁止　*56*
- Ⅲ 掟の門の前で　*58*
- Ⅳ 小学校の門の前で：表現の自由とは何か　*60*
- Ⅴ 京都朝鮮第一初級の門の前で：条約の趣旨と目的とは何か　*64*
- Ⅵ 被害者の言葉を聴きとること　*67*

## 第5章　表現の自由の限界　　　　　　　　　　　　　　小谷 順子

- Ⅰ 表現の自由の限界とは　*74*
- Ⅱ 表現内容による限界：表現内容規制　*76*
- Ⅲ 「行為」規制と集団行動の規制　*80*
- Ⅳ 媒体の特性による限界　*83*
- Ⅴ 表現の自由の保障意義（重要性，価値）に照らした限界　*84*
- Ⅵ むすびに代えて　*86*

## 第6章　言論規制消極論の意義と課題　　　　　　　　小谷 順子

- Ⅰ 問題の所在　*90*
- Ⅱ アメリカにおける規制消極論　*92*
- Ⅲ 伝統的な規制消極論　*94*
- Ⅳ 「PC（ポリティカル・コレクトネス）」に反対する規制消極論　*97*
- Ⅴ 規制効果に対する懐疑論に基づく規制消極論　*99*
- Ⅵ むすびに代えて　*101*

# 第Ⅲ部　ヘイト・スピーチに対する刑事規制

## 第7章　刑法における表現の自由の限界　　　　　　　　櫻庭 総
### ——ヘイト・スピーチの明確性と歴史性との関係

- Ⅰ 問題の所在　*107*
- Ⅱ 刑法における表現の自由　*108*
- Ⅲ ヘイト・スピーチ規制と表現の自由　*112*
- Ⅳ ヘイト・スピーチの歴史性　*115*
- Ⅴ むすびに代えて　*119*

## 第8章　名誉に対する罪によるヘイト・スピーチ規制の可能性　櫻庭　総
　　　　──ヘイト・スピーチの構造性を問うべき次元

- Ⅰ　問題の所在　*128*
- Ⅱ　個人的法益侵害としてのヘイト・スピーチ　*129*
- Ⅲ　社会的法益侵害としてのヘイト・スピーチ　*135*
- Ⅳ　ヘイト・スピーチの構造性　*142*
- Ⅴ　むすびに代えて　*144*

## 第9章　ヘイト・スピーチ規制の意義と特殊性　金　尚均

- Ⅰ　名誉侵害罪とヘイト・スピーチ　*150*
- Ⅱ　名誉侵害犯における法益　*154*

## 第10章　ヘイト・スピーチに対する処罰の可能性　金　尚均

- Ⅰ　平等保護としてのヘイト・スピーチ規制　*166*
- Ⅱ　集団に対する侮辱的表現の規制のあり方　*173*

おわりに

第Ⅰ部　日本におけるヘイト・スピーチ

第 1 章

# ヘイト・スピーチとレイシズムの関係性
なぜ，今それを問わねばならないのか

森　千香子

## I　問題の所在

　日本ではレイシズムとヘイト・スピーチとが対にして使われることが多い。2013年に結成された反人種差別団体「のりこえねっと」の正式名称には「ヘイト・スピーチとレイシズムを乗り越える国際ネットワーク」という表現が用いられている。また近年はヘイト・スピーチを主題とした論文が増えており，そういった文献にも「ヘイト・スピーチとレイシズム」をセットで使用する例が散見される。たとえば塩原良和の「ヘイト・スピーチと『傷つきやすさ』の社会学」[1]は「勘違いの共感」や「反動としての反感」などの概念を用いて「ヘイト」の原因を探る興味深い論考であるが，ここでも「レイシズム」が「ヘイト・スピーチ」と7回もセットで使われている。

　このように2つの表現は頻繁に対にして用いられているが，それが読み手に違和感を与えることはほとんどないと思われる。それは両者が何となく「似たもの」であるという，暗黙の了解が存在するからである。ただし，これらの表現の使われ方をみると，使い手は両者を「似たもの」と捉えてはいるものの，「等しい」とは言っていない。それどころか，むしろ両者の区別を意識していることが感じられる。その区別とは，「ヘイト・スピーチ」の背後には主義主張としての「レイシズム」が存在し，また「レイシズム」のイデオロギーは「ヘイト・スピーチ」という形でもって具現化される，というものである。

　「思想」としてのレイシズムと「表現」としてのヘイト・スピーチ。因果関係が実にわかりやすく，説得力のある説明にみえる。だからこそ「ヘイト・スピーチ」を叫ぶ者は「レイシスト」と呼ばれるし（cf.在特会へのカウンター行動で知られた「レイシストしばき隊」），「レイシスト」はヘイト・デモに参加する者と

して違和感なく理解される。

　本章で考察するのは，以上のような「レイシズム──ヘイト・スピーチ」関係の理解のされ方についてである。というのも，このような理解は「100％間違い」とは言えないが，実際にその関係はそれほど自明ではないからである。両者の関係はもっと複雑で，単に「思想」と「表現」，「原因」と「結果」とは整理できないものであり，その点において以上の理解は正しいとは言いきれない。それどころか，こうした理解は不十分なだけでなく，問題の本質を見誤らせる危険を孕むこともあると思われる。いったいどこに問題があり，どのような危険を招きうるのか。また，それを乗り越えるために何ができるのだろうか。

　以上の問いを検討するため，本章では次の手順で議論を展開する。第一に，先行研究を参照しつつ，レイシズムの構造と論理，その変化を整理する。第二に，レイシズムを一面的でなく全体的に把握する試みを通して，既存のレイシズム理解にどのような問題点があるのかを明らかにする。第三に，より包括的なレイシズム概念に基づいて，レイシズムとヘイト・スピーチの関係性を問いなおす。そうすることで「ヘイト・スピーチの問題性と法的規制の可能性」という本書の課題に少し違った角度から取り組むことを目指す。

## II　レイシズムの変貌：科学的レイシズムから文化的レイシズムへ

### ■レイシズムの誕生

　レイシズム（racism）という単語は19世紀末に欧米で生まれ，1930年代から一般に使われはじめ，第二次大戦後に定着したといわれる。日本語では「レイシズム」のほか「人種主義」という訳語もあてられている。一般にレイシズムはある人間集団を「人種」という身体的特徴によって捉え，そのような身体的特徴と集団のメンバーの知的・精神的特徴とを関連づけて，支配したり排除したりすることだと理解される。しかし，以下でみていくように，レイシズムは「身体的特徴」だけではなく，様々な「差異」に基づいて行われる複雑かつ多様な現象であり，それは過去20年あまりの研究によっても示されてきた[2]。そこで，ここでは李孝徳の定義を参照し，レイシズムを「支配的権力をもつ集団が別の集団に対し，その何らかの差異を否定的に認知・本質化し，それを根拠に差[3]

別，周縁化，搾取，排除，殲滅などの暴力を行使・正当化すること」と暫定的に定義する。

　重要なのはレイシズムが「差異」を根拠にしている点と，その「差異」が本質化されなければならない点である。言い換えれば，ここでいう「差異」は必ずしも本質的なものではないが，あたかも本質的であるかのように知覚されることによってレイシズムは成立する。本質化された決定的な「差異」は，通常なら決して容認できないような不平等な処遇や暴力などを合理化・正当化して「当たり前」にみせる役割を果たす。つまりレイシズムは構築された「差異」による合理化・正当化を必要とする。

　だがレイシズムが根拠とする「差異」の内容は不変ではなく，時代や社会などの文脈に応じて変化する。レイシズム概念の発祥した地であるヨーロッパでは，18世紀末から19世紀にかけて人間集団の本能と身体的特徴には本質的な「差異」が存在するという考え方が浸透していった。自分の属する集団とは異なる集団の身体的差異をとりあげ，それを「劣等の印」とみなすことは18世紀以前にも存在したが，当時そのような「差異」は生活環境に起因すると理解されていた。つまり「文明化」によって劣等の印である「差異」をなくすことは原則的に可能だと考えられており，その意味で「差異」は本質的なものとは見なされていなかったのである。

■本質化される「差異」と科学

　ところが18世紀末以降のヨーロッパでは，こうした「差異」が本質化されるようになった。「差異」はもはや変えたり，乗り越えることのできないものとして捉えられ，その点で以前の考え方との間に決定的な断絶が生じた。そして，このような「差異」の本質化を可能にしたのが「科学」であった。植民地支配がすすみ，それに伴い異なる民族集団との接触が増えるにしたがい，異民族の身体的特徴についての研究が様々な学問を動員しつつすすめられ，こうして人種概念が形成されていった。なかでも人種概念に科学的根拠を与え，反論の余地なき客観的概念に仕立て上げたのは，19世紀末に確立した優生学だった。「生物の遺伝構造は改良可能であり，それを実現すれば人類の進歩につながる」という考えの下，身体的な「差異」は遺伝子の「優劣」に結びつけられ，「人種

間の優劣」の科学的根拠とされるようになった[4]。

　このように身体的特徴という「差異」を科学の名において「優劣」の印とみなすイデオロギーを「科学的レイシズム」とよぶ。これによって奴隷制や植民地支配下での搾取や支配が合理化されていったのは周知のとおりである。日本でも優生学は20世紀初頭から積極的に紹介され，その蓄積は植民地支配下で影響を及ぼした。また「適者生存の原理」の観点から「滅び行く民族」としてアイヌ研究がすすめられ，明治時代から1930年にかけて旧帝大によってアイヌの墓から遺体の「収集」が行われた。このことをアイヌ側は「略奪」と非難しているが，2013年時点でも東京大学，北海道大学などに合計1635体が「保管」されたままである[5]。このように「科学的レイシズム」は様々な地域で猛威をふるったが，その頂点ともいうべき時代を築いたのは，言うまでもなくナチス・ドイツであろう。同政権下で「人種」別の分類，格付けが押しすすめられ，アーリア人の優越を妨げる種としてユダヤ人が位置づけられ，その「絶滅」が企てられるなど，もっとも徹底的かつ大規模に優生学が適用されたのは周知の通りである。

　だが第二次大戦が終わってユダヤ人大量殺戮が公然の事実となり，それまでの流れが大きく変化した。西欧では反人種差別の様々な取り組みが展開されるようになり，その一環として，人種概念信仰への反省から「人種概念は科学的に立証されない」ことを立証するための研究に力が注がれた。こうして科学的レイシズムは次第にその正当性を失って，衰退の一途をたどっていった。

　しかし人種概念の科学的根拠が失われたからといって，レイシズム自体が世界から消滅したわけではなかった。それまでの「科学的レイシズム」とは異なる特徴をもった「新しいレイシズム」が発現したのである。この傾向はすでに1960年代後半のイギリスで観察されていたが[6]，それが本格的に顕在化するのは1980年代以降である。それは，ナチス崩壊以降「科学的レイシズム」の撲滅に力を注いできたヨーロッパでまず起こった。フランスを皮切りに，イタリア，オーストリア，オランダ，デンマーク，スイスなどの多くの国々で，国内の移民・外国人に対して敵意をあからさまにし，その追放を訴える政党が台頭し，継続的に勢力を拡大していったのである。また日本でも，2002年の日朝首脳会談以降，在日朝鮮人とその子弟に対する嫌がらせが以前にも増して強まり，さらに2000年代後半からは在特会の躍進や在日朝鮮人バッシングが起きたことは

記憶に新しい。

　だが一連の現象が注目を集めたのは，レイシズムをあからさまにする政党や団体が社会で大きな影響力をもつようになったからではない。これらの政党や団体が用いる言説のレトリックが，それまでのレイシズム言説とは異なっていたからである。第一に，移民やマイノリティに対する敵意の根拠がもはや従来のような身体的特徴ではなく，言語，宗教，伝統，習俗，歴史といった文化的特徴におかれるようになった。第二に，他者集団を下位に位置づけて「搾取」するのではなく，他者集団は自分たちの属する集団のアイデンティティを脅かす危険であると見なし，その「排除」を訴えるようになったのである。

■ レイシズム論理の移行

　つまり，やや図式的にいえば，従来の「科学的レイシズム」から文化的特徴に依拠した「文化的レイシズム」への移行が起き，それと並行して他者の「従属」から「排除」への移行も起きたのである[7]。この構図を用いて考えると，現代日本におけるレイシズムも「文化的レイシズム」の大きな枠組みの中に位置づけることができる。また他国の状況を概観しても，全体的にはこの「文化的レイシズム」が影響力を保っていると言えるだろう。

　ただし，2点補足しておきたい。1点目は「文化的レイシズム」の変種である「普遍主義的レイシズム」がこの10年あまり，欧米を中心に顕著になっている点である。これは文化的特徴を根拠にして排除を訴える点では文化的レイシズムと同じであるが，異なる集団の脅威から守るべき「文化的特徴」が，自分たちの文化，歴史，伝統などの「独自性」ではなく「普遍性」とされる点に文化的レイシズムとの違いがある。普遍主義的レイシズムの考えをまとめるなら，「民主主義」「男女平等」「表現の自由」などの普遍的価値観は自分たちの国の伝統や文化に根付いており，そういった価値観と相容れない文化をもった集団は脅威であり，自国から排除しなければならないというものである。このように「普遍的価値観」によって合理化されるレイシズムは，欧米では「テロリスト」の嫌疑をかけられがちなイスラム移民の排除を合理化する際に明確にあらわれている。また日本でも拉致問題発覚以降，「北朝鮮＝テロ国家」の名の下に，あからさまな在日朝鮮人への差別や排除が正当化されていったが，その過程に

も「普遍主義的レイシズム」の論理はみられる。より最近の例では，2013年12月に憲法学者の長谷部恭男が特定秘密保護法の必要性について尋ねられた際の返答がある。「中国や北朝鮮」との対比において「自由で民主的」な国として日本が位置づけられているのがわかる。

> 「……中国や北朝鮮と同じ政治体制でいいなら，国を守る必要はない。しかし憲法の定める自由で民主的な統治の基本秩序を守り，現在の政治体制を守るためには，特定秘密法をつくり，特別な保護に値する秘密が外に漏れないようにしなければなりません」

2点目は，レイシズムが「科学的レイシズム」から「文化的レイシズム」へと一方向にのみ変化していくわけではない点である。たとえば「文化的レイシズム」において乗り越え不可能な「文化的差異」が持ち出されるとき，その背後には「人種」や「遺伝子」の違いといった科学的レイシズムの発想が同時に潜んでいることもある。また消滅されたとおもわれていた論理が回帰することもある。2014年2月半ばに開催された米国科学振興協会（American Association for the Advancement of Science）の年次大会では，最先端のゲノム研究の場における「ネオレイシズム」が問題にされた。「人種」概念が存在し，それによって生物学的，習性的，文化的な違いが存在するのだという主張が広まりつつあり，それが新たな「科学的レイシズム」を生み出すことにもつながりかねないと，人類学者たちが懸念を表明したのであった。

## Ⅲ　草の根のレイシズムと上からのレイシズム

ここまでレイシズムを正当化する論拠の変化をみてきたが，このように変化するレイシズムはいったいどのように表出されるのだろうか。1980年代以降レイシズム研究が盛んなヨーロッパでは，多くの研究がヘイト・スピーチやヘイト・クライムなどの過激な行動や，それに及ぶ個人や集団の姿を対象としてきた。ヨーロッパでも反移民政党が最初に躍進した国として知られるフランスでは，極右国民戦線の党員や支持者，あるいはスキンヘッドなどのネオナチ集団をテーマとした実証研究や，「新しいレイシズム」にみられる論理を分析した

理論研究，そしてヘイト・スピーチやヘイト・クライムの実態についての調査などが行われてきた。このような研究動向は他のヨーロッパ諸国にも多かれ少なかれ共通する。日本でも在特会のネット上や街頭での暴力的な言動が注目されるなか，レイシズムを扱った書籍や論文，雑誌の特集号が刊行され，それを研究テーマに選ぶ学生・院生も増えているが，ここでもクローズアップされるのは過激な行動やその担い手である[10]。

　こうした分析の枠組みとして支配的なのは，過激な行動の担い手が「下層」であるという窮乏化モデルに基づいた理解である。つまり低収入・低学歴層が不況などで社会不安を強め，自らを防衛するためにレイシズムを支持するという「プアホワイト」の議論である。たとえば萱野稔人は日本の若者のナショナリズムをフランスレイシズムの再燃と関連づけて分析している。萱野の理解は以下のとおりである。

　　「移民排斥をかかげる極右政党……の支持率の内訳をみると，大きな特徴があることがわかる。まず，失業者からの支持率は他の社会的ステイタスと比べて倍以上高い。また，最終学歴が低くなるほど支持率は高くなる。つまり，労働市場のグローバル化によって悪影響を受けやすい立場の人ほど，移民排斥をかかげる極右政党を支持する傾向にあるのだ。そこでは，労働市場のグローバル化によってもたらされた貧困や社会的排除からみずからを防衛するために，『フランス人』というナショナル・アイデンティティが活性化され，外国人への敵愾心も激化するのである[11]。」

　このように「レイシスト」を「不安定な下層」と結びつける説明はわかりやすく，説得力があるように見える，だからこそ多くの論者に採用されてきた[12]。しかし同時に，これは実証的に検討すると十分とは言えない議論であり，それどころかミスリーディングとも言うべき要素を孕んでいる。いったい問題点はどこにあるのか。それは議論の前提となっている「下層の人間は不安になると，レイシズムに走ってしまう」という理解自体にあると筆者は考える。

　その問題点を，2つの点にわけて考えてみたい。第一に「下層の人間がレイシズムに走る」という理解自体の問題である。先にあげた萱野の議論も「最終学歴が低くなるほど（反移民政党の）支持率は高く」とあるし，安田浩一も一連の在特会関連著作で「エリートのように恵まれた環境にない，低学歴・低所得

の若者たちが階級闘争として排外主義に走る」という説明を与えてきた。これはヨーロッパでも1980年代から90年代にかけて支配的だった解読格子である。[13] しかしその後の実証研究によって，その正当性は大きく覆されてきた。政治学者のアニー・コロヴァルドは，世論調査に基づいて「反移民政党支持層＝低学歴失業者」と断定する論者が失業者・低学歴層の棄権率が極端に高いことを見落としている点を批判し，極右支持者にはむしろ自営業・自由業が多いことを実証した。[14] また投票所の出口調査結果と実際の選挙結果の相違に着眼し，労働者が極右支持を正直に表明するのに対し，高学歴者は隠れて支持する傾向があることを示し，階層によるレイシズムの表現方法の違いを明らかにした研究もある。[15] こうした点を考慮せずに，わかりやすいかたちで表現されるレイシズムにのみ目を奪われていると，問題の所在を見誤りかねない。それどころか，著者の意に反して（というのも，萱野も安田も「下層」に一定の共感を示して，むしろ彼らを擁護するスタンスでこのような説明をしているからだ），「下層はレイシズムに走りやすい」という偏見を強化しかねない。

第二に「不安になるとレイシズムに走る」という理解に関する問題がある。なぜ不安が排外主義に結びつくのかが実証的に示されれば説得力があるが，議論の大半はこうした説明を欠いている。[16] むしろ国内外の事例をふりかえると，不安はさまざまな時代や社会に存在してきたが，だからといって常にどこでもレイシズムが勃発したわけではないことがわかる。不安は抑圧委譲という形だけではなく，これまでも暴動や反体制運動，あるいは自死など様々なかたちで表れてきた。現代にかぎっても世界では都市暴動や社会運動，反政府運動などがあちこちで起きているし，日本で３年前から続いている脱原発運動も不安の表れの一つとして考えることができる。つまり人間の不安や不満は必然的にレイシズムに結びつくわけではなく，レイシズムの勃発を「不安」のみによって説明するのは無理があることがわかる。

それにもかかわらず，このような説明が自明とされるのは，私たちの差異をめぐる認識のあり方とも関係がある。不安とレイシズムを関連づけることが「自然」であると映るのは，「異なる属性をもつ他者は，自然と恐怖，嫌悪や不安の感情を呼び覚ましやすい」という理解が前提にあるからだ。だからこそ「不安に駆られ，自制能力が低下すると，本能的に他者への恐怖がほとばしる」と

考えてしまうのだ。

　だが筆者はこのような前提は正しくないと考える。というのも，差異というものは文脈によっては肯定的な価値を与えられ「憧れ」や「興味」の対象にもなるからだ。もちろん反対に，文脈によっては差異が警戒心を呼ぶこともあるが，警戒心は憎悪や暴力に「自動的」に結びつくわけではない。それが結びつくのは，ある一定の条件のもとにおいてである。

　言い換えれば，人間の不安はレイシズムと自然に結びつくのではなく，人為的に「結びつけられる」ものである。そうであるならば，それを結びつけるのは何か。筆者は，それが国家であり，一部のマスコミの作用であるとの仮説をたてる。直接的な呼びかけでないがゆえに一見わかりにくいが，外国人に不利な措置を講じたり，移民を犯罪視するような政策（移民の安全保障化）をとったり，外国人への恐怖を煽るような報道をしたり，間接的かつ「洗練された」かたちで，国家やマスコミはレイシズムを涵養している。そうした「空気」がつくられ，上からの「お墨付き」をもらっているからこそ，在特会のような過激な運動は安心して，公然とヘイト・スピーチを叫ぶことができる。このようにレイシズムは国家をはじめとする「上」から作り出され，それが草の根の不満を方向付け，暗黙の承認を与えているのではないか。[17]

　このような仮説は，海外では「上からのレイシズム」論として確立されており[18]，日本でも国家による制度化されたレイシズムの暴力やメディアが無批判に再生産する排外主義の影響についての分析が行われている。たとえば鄭栄桓は1990年代後半以降の「対北朝鮮制裁」の一環で在日朝鮮人への「制裁」の制度化がすすみ，それが今日の排外主義運動に大きな影響を与えていることを指摘している[19]。また外国人を犯罪と結びつけるような入管法改正などの政策[20]，また在日朝鮮人への敵意や戦争を結果的に煽るような北朝鮮報道などの影響についての分析もある[21]。

　したがってレイシズムの問題は「下層の不安から自然に発生する」と考えるのではなく，草の根のレイシズムが上から作られたレイシズムによって方向付けられ，上の動きに呼応するかたちで発展するという「相互作用」の視点から考える必要がある。2012年にも川崎市が未執行分の補助金で拉致家族の著書を購入し，朝鮮学校に支給するという嫌がらせを行ったが，これも下層による仕

業ではなく，行政によるものである。こうしたものが，今日草の根に広がるレイシズムに正統性と勢いを与えているのである。その意味で「日本政府や地方自治体の政策と排外主義運動の連関性」[22]を明らかにしていくことは今後のレイシズム研究の重要な課題だと思われる。

## IV　憎悪，無視，同情：レイシズムの多様な表現と連続性

　先にあげた研究にもあるように「上からのレイシズム」の影響力は看過できないが，それにもかかわらず，こうした現象がレイシズムを論じる際に見過ごされがちなのはなぜか。それはレイシズムには「見えやすいレイシズム」と「見えにくいレイシズム」があり，「上からのレイシズム」は後者に属するからであると思われる。それではなぜ，一部のレイシズムは「見えにくい」のか。この問いを考える上で重要なのが，レイシズムの認識が「ポジショナリティ」に規定されているという側面である。言い換えれば，レイシズムは基本的に当事者以外には「見えにくい」性質をもっている。在特会のように憎悪をさけぶ運動であれば，過激でわかりやすいので，当事者以外の人にも認識されやすい。しかし国家が行う政策やマスコミの報道にレイシズムが潜んでいる場合，国家やマスコミは社会的な「正統性（legitimacy）」を有しているだけに，当事者でない人にはそれがレイシズムであるとは認識されにくい。わかりやすい例でいえば，日本人より外国人の賃金が安いのはれっきとした「差別」であり，その差別が国民であるか否かによって正当化されている以上「レイシズム」であるが，多くの日本人は「国民が外国人より優遇されるのは当然」というイデオロギーを深く内面化しているため，それが差別だとはなかなか感じない。

　レイシズムの認識をめぐるマジョリティとマイノリティのこのような「温度差」については，すでにアメリカ合衆国でも数々の先行研究があり，白人がレイシズムを狭義でとらえ，黒人が「差別」と感じる部分を「考えすぎ」と一蹴してしまい，そうした態度がさらなる抑圧を生むことなどが示されてきた[23]。こうした研究成果から引き出せるのは「マジョリティはマイノリティに比べ一般に『レイシズム』に鈍感だ」という事実である。だからこそ，レイシズムと闘うにはマジョリティの視点ではなく，当事者の視点をふまえたレイシズム定義に基

づいて行われる必要がある。

　そのような理解を深めるのに役立つ枠組みとして，ここでピエール・テヴァニアンの「例外身体」[24]の議論を紹介する。この理論は「ヘイト・スピーチやヘイト・クライムのように目に見える差別や暴力だけがレイシズムではない」との前提にたち，それを多角的に把握するためのフレームを提供する。テヴァニアンはまず「レイシズムとは（外国人などの）「他者」を「自分たち」とは本質的に異なる，例外的な身体として捉えること」と定義し，その「例外身体」には主に，A.凶暴な身体，B.見えない身体，C.哀れな身体の3つのかたちがあると指摘する。

　Aはもっとも「わかりやすいレイシズム」の表象で，他者の身体を「凶暴なもの」として捉え，脅威を感じたり，憎悪を抱くかたちをとる。それに対してBは，他者の身体を無視することである。これについては，白人に無視され続ける黒人の姿を描いた，ラルフ・エリスンの『見えない人間』[25]が好例である。Cは他者をひたすら同情，哀れみの対象として捉え，庇護しなければならないと考える立場である。これはAやBに比べて一見わかりにくく，「同情や庇護がレイシズムなのか」と違和感をおぼえる読者もいるかもしれない。だがここで問題になるのは，同情や庇護自体ではなく，他者を同情や庇護の対象としてしか見ない点である[26]。

　さらに重要なのは，ある他者集団がずっと「見えない身体」などと固定的に認識され続けるのではなく，文脈に応じて異なったかたちで捉えられる点である。この点を説明するために，以下では「例外身体」論が形成されたフランスのマイノリティ「ムスリム移民女性」の事例をあげたい。

　高度成長期の始まる1950年代以降フランス政府は（旧）植民地のアルジェリア，モロッコ，チュニジアから大量の男性労働者を国内の底辺労働へと動員する政策をとり，配偶者の女性たちのフランス移住もすすんでいった。しかし移住当時，彼女たちは事実上の移民専用地区に居住させられ，家やコミュニティから出ることもほとんどなく，フランス人の多くがその存在さえ認知していなかった。その点で，彼女たちはまさに「見えない身体」であった。

　それが1970年代のオイルショック以降，移民労働者の失業が増加し，問題化する中で，その配偶者であるムスリム移民女性の存在が「発見」された。そし

て，貧しい環境で暮らし，フランス語が話せず，読み書きもできない彼女たちは「可哀想な存在」と同情の目でみられ，「哀れな身体」と捉えられるようになった。

　ところが1980年代末から，今度は「哀れな身体」から「凶暴な身体」への変化が起きる。かつて同情の対象だった女性たちの娘世代がフランスで成長し，フランス人と同じ教育を受け，同じように流暢に言葉を話し，対等な権利を要求するようになると，激しいバッシングが起きるようになったのである。それから25年以上たった現在でも，彼女たちへのヘイト・スピーチは蔓延し，暴行や排除さえ横行している[27]。

　これは在日朝鮮人に対するレイシズムを考える際にも多くの示唆を与えてくる。単純化をおそれずに言うと，第二次大戦後，在日朝鮮人があらゆる制度から排除され，社会の底辺におかれている間は「見えない身体」や「哀れな身体」として無視されたり，同情されたりしていたのが，指紋押捺拒否運動をはじめ，平等の権利を求める運動が行われるようになると，次第に「凶暴な身体」として，激しい攻撃の対象とされるようになった，という流れを描くことができる。

　「例外身体」論が有益なのは，レイシズムの表現が多様なものであり，しかも多様なかたちが無関係に存在するのではなく，その間に連続性があることを明らかにした点である。一般に「凶暴な身体」の表象は想起されやすいが，「見えない身体」や「哀れな身体」については，それがレイシズムであると認識されないことが多い。しかしこの枠組によって，一見，無関係に見えたり，正反対に位置するような態度の間にはつながりがあり，それは文脈に応じて，他者の無視や同情が憎悪に変わることが示された。

　ここで，本章の冒頭でおこなった問題提起に立ち返りたい。レイシズムとヘイト・スピーチの関係を「例外身体」の議論に照らして再検討すると，両者の関係は単なる思想と表現，原因と結果ではないことがわかる。ヘイト・スピーチの背後にはレイシズムがあるが，レイシズムは必ずしもヘイト・スピーチというかたちをとるわけではない。他者の存在に無関心であったり無視したり，あるいは「自分より劣った可哀想な存在」と同情する態度も，他者を「対等な存在」として扱わない点でレイシズムに起因する。ヘイト・スピーチはレイシ

ズムの十分条件であるが，レイシズムはヘイト・スピーチの必要条件でしかないのである。

このようにレイシズムを包括的に捉え，他者に対する態度を徹底的に見なおすことのないままにヘイト・スピーチと闘っても，それは「対症療法」にすぎない。だからこそ，レイシズムを考える際にヘイト・スピーチばかりを強調し，それだけがレイシズムの表現であるかのような認識を広めることは，ヘイト・スピーチを根っこから断つことをかえって妨げる危険も伴っている。やや逆説的ではあるが，ヘイト・スピーチに矮小化されないレイシズム理解の確立こそ，ヘイト・スピーチを根絶する第一歩として必要だと思われる。

## Ⅴ　むすびに代えて：ヘイト・スピーチをめぐる危険と「希望」

本章ではヘイト・スピーチと頻繁に併用されるレイシズムの概念をとりあげて分析し，両者の関係を再検討することを目指した。レイシズムの論理や構造は時代に応じて変化を遂げてきたが，現代のレイシズムはさらに複雑で両義的な様相を呈している。レイシズムは一般に過激な排外主義運動と同義で捉えがちであり，その一方でそうした運動を方向付ける国家やマスコミの影響については関心が向かいにくい。そこで「見えやすいレイシズム」だけでなく「見えにくいレイシズム」を把握するために「例外身体」の議論を参照し，「無視」や「同情」といった一見レイシズムとは無関係にみえる態度が「ヘイト」の延長線上にあることを示した。そして従来の一面的なレイシズム観を克服し，包括的なレイシズム理解を確立することがヘイト・スピーチ根絶の闘いにも不可欠であることを明らかにした。

最後に「例外身体」の議論から，もう一つの重要な論点を引き出したい。この議論はレイシズムが憎悪や敵視だけに還元できるものではなく，その本質は「他者を対等に扱わない」点にあることを示した。他者が下位に位置づけられ「大人しくしている」間は「無視」や「同情」の対象となるが，「下位に位置づけられていたはずの他者」が「対等」を要求すると，いわゆる「逆ギレ」が起きて「憎悪」を引き起こし，ヘイト・スピーチやヘイト・クライムに発展する。

そう考えると，在特会のヘイト・スピーチやフランスのムスリム移民バッシ

ングの暴力の意味も少し変わってくるように思われる。それらは，もちろん9・11以降の世界的な「対イスラム・テロ戦争」や拉致問題発覚以降にみられるような「大義名分を得たレイシズムの猛威」も意味するが，それは同時に，在日朝鮮人やフランスの移民の社会進出がすすみ，（それはあまりにも不十分な形ではあるが）以前に比べると「対等」に近づきつつあるという現実を示すものでもある。力関係が以前より拮抗しつつあるからこそ，マジョリティの「逆ギレ」がいっそう強まっているとも考えられるのである。少し挑発的に言い換えれば，対等な権利を要求して，マジョリティの「逆ギレ」を敢えて引き起こしていかないかぎり，なかなか平等は達成されないということでもある。その意味でヘイト・スピーチの嵐は，平等にあと一歩まで近づいている，という意味でポジティブな徴なのである。だが，同時にこのような憎悪の渦は当事者を傷つけ，恐ろしい暴力の危険にさらし，絶望の淵に追いつめている。

〔註〕
1) 塩原良和「ヘイトスピーチと『傷つきやすさ』の社会学」Synodos (http://synodos.jp/society/5846)，2013年。
2) ミシェル・ヴィヴィオルカ（森千香子訳）『レイシズムの変貌』（明石書店，2007年）22-50頁。
3) 李孝徳「訳者解説——日本の人種主義を見すえて」ジョージ・M・フレドリクソン『人種主義の歴史』（みすず書房，2009年）。
4) ハンナ・アーレント（大島通義・大島かおり訳）『全体主義の起源2 帝国主義』（みすず書房，1972年）。
5) 「アイヌ遺骨，研究の犠牲 9大学が1635体保管，返還進まず」朝日新聞2013年8月3日。
6) Barker, Martin. *The New Racism: Conservatives and the Ideology of the Tribe*, Junction Books, 1981.
7) ただし「従属」と「排除」の論理が共存することもあり（たとえばユダヤ人を徹底的に搾取した上で殺害したナチス・ドイツなど），両者の関係は一面的ではない。この点については前掲註2) ヴィヴィオルカ・47-50頁参照。
8) 「秘密法とどう向き合う 憲法学者・長谷部恭男さん」朝日新聞2013年12月20日。
9) «Neoracism' growing in research: scientists» *Japan Times*, 2014/02/17.
10) 安田浩一『ネットと愛国』（講談社，2013年），樋口直人『日本型排外主義』（名古屋大学出版会，2014年），駒井洋監・小林真生編『レイシズムと外国人嫌悪』（明石書店，2013年）など。2013年10月に行われた日本社会学会大会の「民族・エリアスタディ」部会でも，レイシズム・排外主義に関する研究報告が7本もあったことはその一例である。
11) 萱野稔人『ナショナリズムは悪なのか』（NHK出版，2011年）。
12) 小熊英二・上野陽子『「癒し」のナショナリズム』（慶應大学出版会，2003年），高原基彰『不安型ナショナリズムの時代』（洋泉社，2006年）。
13) cf. Nonna Mayer, Pascal Perrineau, «Pourquoi votent-ils pour le Front National?» *Droit*

pénal, no.55, pp.163-184.
14) Annie Collovald, *Le populisme du FN un dangereux contresens*, Editions du Croquant, 2004.
15) Pascal Perrineau (dir.), *Atlas électoral. Qui vote quoi, où, comment?* Presses de Sciences Po, 2007.
16) 前掲註10) 樋口・53-56頁。
17) 森千香子「草の根排外主義を増幅させる「上」からの排外主義」『Migrants Network』移住連、2013年1月号。
18) Tevanian Pierre et Tissot Sylvie, *Mots à maux. Dictionnaire de la lepénisation des esprits*, Dagorno, 1998, Jacques Rancière, «Racisme, une passion d'en haut», Médiapart, 2010/09/10, http://blogs.mediapart.fr/edition/les-invites-de-mediapart/article/140910/racisme-une-passion-den-haut, Eric Fassin et le collectif Cette France-là, *Xénophobie d'en haut : Le choix d'une droite éhontée*, La Découverte, 2012.
19) 鄭栄桓「「制裁」の政治と在日朝鮮人の権利」『Migrants Network』移住連2013年1月号。
20) 古屋哲「国境再編における国家の暴力――軍事、警察、出入国管理」森千香子＝エレン・ルバイ編『国境管理のパラドクス』（勁草書房、2014年10月刊行予定）。
21) 森類臣「日本の主要新聞による「北朝鮮」認識についての研究――論調分析と日韓比較を通して」（http://www.mlpj.org/kk/img/2011_03.pdf）。
22) 前掲註19) 鄭・8頁。
23) Philomena Essed, *Understanding Everyday Racism: An Interdisciplinary Theory*, SAGE Publications, 1991.
24) Pierre Tévanian, «Le corps d'exception et ses métamorphoses», *La mécanique raciste*, La dispute, 2008.
25) ラルフ・エリスン（松本昇訳）『見えない人間(I), (II)』（南雲堂フェニックス、2004年）。
26) 「同情」や「哀れみ」概念については、ハンナ・アーレント（志水速雄訳）『革命について』（筑摩書房、1995年）、Luc Boltanski, *La souffrance à distance*, Métalié, 1993.参照。
27) 象徴的事例として、イスラムのスカーフを着用する娘たちへのバッシングの過熱がある。詳細はDVD『スカーフ論争――隠れたレイシズム』（ジェローム・オスト監督、パスレル、2013年）を参照。

第2章

# 新保守運動とヘイト・スピーチ

安田 浩一

## I ヘイト・スピーチの実際

環状線の鶴橋駅前（大阪市生野区）――。
マイクを握ったのは女子中学生だった。
私はこれまでに何度か，デモの現場でその姿を見かけている。
長い髪を後ろで束ね，リュックサックを背負った彼女は，取り囲む警察官に臆することなく大声で叫んだ。

　「鶴橋に住んでいる在日クソチョンコのみなさん，そしてここにいる日本人のみなさん，こんにちは！」

大型の拡声器を通して，幼い声が響き渡る。
道路を挟んだ向かい側で，私は腕組みしながらそれを聞いていた。

　「ここにいるチョンコが，憎くて憎くてたまらないです！」

そうだ，そうだ，と周囲の大人たちが囃し立てる。

　「もう，殺してあげたい。みなさんもかわいそうやし，私も憎いし，死んでほしい！　いつまでも調子に乗っとったら，南京大虐殺じゃなくて鶴橋大虐殺を実行しますよ！」

思わず背中の筋肉が強張った。なにか落ち着かない気持ちになる。そして憤りが全身を貫く。
「虐殺」という耳触りの悪い言葉が，耳奥に突き刺さったまま離れない。
しかし彼女は続ける。

「日本人の怒りが爆発したら，それぐらいしますよ！　大虐殺を実行しますよ！　実行される前に自国に戻ってください。ここは日本です！　ここは朝鮮半島じゃありません！　いい加減，帰れ！」

「そうだ，帰れ！」。大人たちが「よく言った」とばかりに手を叩いて喜んでいる。

息苦しかった。街の風景が歪んで見えた。

もう，その場所にいたくなかった。

私は後ろを振り返る。

その日，私と一緒に取材をしていた李信恵は無表情のまま，そこに立っていた。

かける言葉などありはしない。

その少し前に，私は彼女から鋭い言葉を突き付けられていた。

気まずい。彼女の顔を正視できない。

私はそっとその場を離れた。

鶴橋駅の改札を抜けて環状線に飛び乗る。

日曜日の車内には穏やかな空気が流れていた。家族連れが，恋人同士が，楽しそうに談笑している。別世界だ。そこには人間の死を願うような言葉も，殺戮を連想させるシュプレヒコールもなかった。

だが——。

ささくれ立った私の心は少しも癒されることはなかった。

あどけない顔をした少女の発する「虐殺」という言葉が，頭の中でいつまでも反響を止めない。

そして，李信恵の泣き顔と，私に向けられた問いかけがそこへ重なる。

車窓を流れる風景など，少しも目に入らなかった。

2013年3月24日のことである。

その日，「在日特権を許さない市民の会」（在特会），「神鷲皇国会」などの自称"保守系市民団体"は，鶴橋周辺で，「日韓国交断絶国民大行進」なるデモと街頭宣伝を実施した。

私は早朝の新幹線で大阪に向かい，昼前にはデモの出発点である真田山公園（大阪市天王寺区）に到着した。

私が公園を訪ねた時にはすでに，100人近くのデモ参加者が集まっていた。旭日旗や日章旗が林立していた。

　「在日（コリアン）への憎しみだけを込めて行進しましょう！」

参加者を前にして主催者の青年が大声で呼びかけた。

　「よし！」「そうだ！」

参加者が拳を突き出して呼応する。

　「朝鮮人を追い出せ！」

興奮した若者の絶叫が公園に響き渡った。
　私にとっては見慣れた光景だ。もう何年もこうしたデモや集会を網膜に焼き付けてきた。それでも，このギラギラと高揚した場の雰囲気に，身体が慣れることはない。憎悪なのか，それとも娯楽なのか。参加者の紅潮した顔つきを見ていると，思わずたじろいでしまう。
　デモ行進を前にした景気づけなのだろう。青白ボーダーの囚人服を着せられた"李明博人形"が，参加者の前に引きずり出された。
　2012年8月10日，韓国の大統領・李明博（当時）が竹島に上陸して以来，李明博は"反日の象徴"として，保守系団体の格好の標的となっている。
　地面に横たわった"李明博人形"を，参加者一人一人が「えいっ，えいっ」と踏みつけた。男も，女も，中学生も。
　ぼんやりと眺めている私に，主催者の青年が話しかけてきた。

　「安田さん，今日は盛り上がりますよ」

　「ああ，そうですか。」としか言葉が出てこない。私は祭りの見物に来たわけではないのだ。
　「盛り上がり」など期待していない。できることならば避けて通りたい。見たくない。抗議の対象が何であれ，憎悪で結びついた隊列など，視界に入るだけで気分が悪くなる。

「このくらいやらんとね。ガンガン言わなあかんのですよ。これまで日本人は優しすぎたんですから」

　醜悪極まりないパフォーマンスを先導しながら，彼の口調は穏やかだった。まるで学芸員が絵画の説明をするかのような冷静な口調で，デモ隊の通過コースから参加者の顔ぶれまでをも，事細かに教えてくれる。

　茶色のカジュアルスーツに身を包んだ彼は，「24歳の会社経営者」だと名乗った。後にそれが嘘だとわかるまで，しばらく私は彼の言葉を信じていた。24歳にしては幼い表情だなあと思わないわけではなかったが。

　さて，いよいよデモの開始だ。

　「みなさん，チョンコと言っても差別じゃないですからね。あいつら人類じゃありませんから！」

　そんな"決意表明"が叫ばれた後，いよいよ参加者が街頭に躍り出た。「不逞鮮人殲滅」「日韓断交」などと記されたプラカードが掲げられる。先頭集団の男性が大型の拡声器からコールした。

　「クソチョンコどもを八つ裂きにして家を焼き払うぞ！」
　「焼き払うぞ！」
　「一匹残らずチョンコどもを追い込んでやるぞ！」
　「追い込んでやるぞ！」
　「薄汚い朝鮮半島を焼き払え！」
　「焼き払え！」

　下劣な罵声を飛ばしながら，参加者は拳を突き上げる。
　日の丸が揺れる。旭日旗が上下する。憎悪が路上で弾け散る。
　私は隊列と少しばかり距離を置きながら，同じスピードで歩く。
　デモ隊が住宅街を抜けて大通りに差しかかったとき，旧知のライター・李信恵が私のもとに駆け寄ってきた。

　「ねえ，一緒についていってもいい？　一人で取材すると，なんか怖いし，なにされるかわからないし」

　彼女は脅えた表情を見せていた。

当然だろう。「八つ裂きにする」とまで言われて，在日コリアンである彼女が平常心でいられるわけがない。
　天王寺から鶴橋へと向かうデモ行進のルートは，彼女のホームタウンなのだ。たくさんの在日コリアンが，この場所で生まれ，この場所で暮らしている。彼女もまた，ここの路地裏を駆け抜けて大人になった。その町がいま，醜悪なデモ隊によって汚されているのだ。だからこそライターとして，そして在日コリアンの一人として，彼女は目を背けることができなかったのだと思う。脅えながらも「記録」することは彼女の義務でもあった。
　「在日ライター」である彼女は，デモ隊の面々にとっては格好の標的だった。毎日のようにネット上で中傷も受けている。「日本から出ていけ」「死ね」といった言葉がぶつけられるのは，彼女にとっての「日常」である。
　私からけっして離れないよう，彼女に告げた。
　そして私は背後で小さくなっている李信恵を意識しながらデモ隊を追った。
　その日のデモは私が知り得る限り，最悪といってもよいものだった。
　デモ隊は聞くに堪えないシュプレヒコールを繰り返しながら，日本有数の在日コリアン集住地域を行進した。

　「朝鮮人死ね」「殺せ，殺せ」
　「ゴキブリ朝鮮人を叩き出せ」
　「朝鮮人は二足歩行するな」「朝鮮人は呼吸するな。酸素がもったいない」
　「コリアンタウンを殺菌するぞ」
　「朝鮮人は生きているだけで公害だ」

　いまどき小学生でも，ここまで下劣な言葉を口にすることはないだろう。それを情も理もわきまえたはずの大人たちが，嬉々とした表情で叫びながら，街頭を練り歩くのだ。これほど醜悪な光景は，そうあるもんじゃない。
　隊列から発せられる言葉をメモに収めながら，それでも私がずっと気にしていたのは，私の背中に隠れるようにして後をついてくる李信恵のことだった。
　私はときおり後ろを振り返る。彼女はずっとうつむいていた。普段はいかにも大阪の姐御的といった感じの豪胆な雰囲気を見せているのに，そのときばかりは猛獣に睨まれた小動物のように，小さく肩を震わせていた。デモ隊を正視することができずにいるのだろう。視線を自分の足もとに落としたままだった。

それでいい，と私は思った。連中に顔を見せてはいけない。見られてはいけない。名指しで非難されることだけは避けないとならない。私は李信恵の存在を隠すように，全身でガードした。そう，私は彼女を"守った"つもりになっていた。
　1時間ばかりのデモ行進だった。ゴールである鶴橋駅にたどり着いて，私は相変わらずうつむいたままの李信恵に声をかけた。

　「これで終わったよ」

　李信恵は無言のままだ。

　「まあ，よかったね，名指しで攻撃されること，なかったもんね」

　今にして思えば，私はなぜ，そんなことを口にしたのかわからない。ただ，デモ隊から彼女を直接に中傷する言葉が飛び出さなかったことに安堵したのは事実だった。うつむいたままの彼女を少しでも元気づけたいという気持ちもあった。
　だからもう一度，私は言った。

　「個人攻撃されなくて，本当によかったよ」

　その瞬間，彼女が顔を上げた。表情が強張っていた。かっと見開いた瞳の奥に，怒りと悲しみの色が見て取れた。

　「なんで……」

　かすれた声が返ってきた。

　「なんで……よかったの？　なにが……よかったの？」

　李信恵は私を睨みつけながら，なにか必死に言葉を探しているようだった。
　私はどう反応してよいのかわからず，ただ黙って彼女の表情を見ているしかなかった。
　彼女の眼に涙があふれている。唇が小刻みに震えている。
　堪えきれなくなったのだろう。彼女は泣きじゃくった。

第2章　新保守運動とヘイト・スピーチ

涙声のまま，彼女は私に激しく詰め寄った。
　「私，ずっと攻撃されてたやん。死ねって言われてた。殺してやるって言われてた。朝鮮人は追い出せって言われてた。あれ，全部，私のことやんか。私，ずっと攻撃されてた！　いいことなんて，少しもなかった！」

　私をなじり，地団駄を踏み，泣き崩れた。
　言葉がなかった。いや，返すべき言葉など私は持っていなかった。ただ茫然と彼女を見つめることしかできなかった。
　彼女の言うとおりだった。
　彼女がデモ隊から名指しで攻撃されたかどうか，そんなことはどうでもよかったのだ。
　「死ね」と恫喝されたのは，彼女だった。「殺してやる」と脅されたのは彼女だった。在日コリアンの李信恵はデモの間，ずっと，攻撃され続けてきたのだ。
　私はそのとき，ヘイト・スピーチの「怖さ」を知った。
　言葉の暴力――ではない。これは暴力そのものである，と。
　人間の心にナイフを突き立て，深く抉るようなものだ。
　私は，この日のデモがたまらなく不快だった。下劣で醜悪なデモだと感じた。憤りも感じた。
　だが「朝鮮人を殺せ」と言われても，日本人である私は本当の意味で傷ついてはいない。
　だが，当事者である李信恵は違った。徹頭徹尾，傷つけられていた。彼女だけではない。その場所にいたすべての在日コリアンは，ずっと，突き刺すような痛みを感じていた。
　それがヘイト・スピーチの「怖さ」だ。
　抗弁することのできない属性が中傷，揶揄，攻撃されているのだ。どんなに努力しても変えることのできない属性に，恫喝が加えられているのだ。
　ヘイト・スピーチは単なる罵声とは違う。もちろん言論の一形態でもない。
　憎悪と悪意を持って差別と排除を扇動し，人間を徹底的に傷つけるものである。まさに暴力そのものだ。言論ではなく，迫害である。
　だが，泣きじゃくる李信恵を目にして私は，うまく思いを伝えることができ

ない。言葉を紡ぐことができない。

　そうこうしているうちに鶴橋駅前でデモ参加者による街宣がはじまり，冒頭のシーンが展開されたのであった。

　中学生が「虐殺」を叫ぶ。大人たちが喜んで手を叩く。

　そんな醜悪な光景が映し出されるなかで結局，私は李信恵になにひとつ言葉をかけてやることもできず，東京に戻るしかなかった。いや，逃げ帰ったのだ。

　砂を噛むような思いで，いまでも，あの日の風景を思い出す。

　何もできなかった自分の情けなさが甦る。

## Ⅱ　日本におけるヘイト・スピーチ

　私が在特会などがおこなう差別デモの取材を始めたのは2007年からである。その頃からすでに，ネット掲示板などで動員された者たちによって「嫌韓・反中」のデモや集会が繰り返されていた。

　だが，多くのメディアはそうした動きを無視していた。いや，たまに取材に出向く記者がいないわけではなかったが，記事になることはほとんどなかった。どこの社もニュース価値がないと判断したからである。

　この年，私は初めて「ネット右翼」と呼ばれる者の生身の姿を見ている。

　当時，在日外国人をめぐる諸問題について取材していた私は，オーバーステイ（超過滞在）の中国人労働者が栃木県警の警察官に発砲されて死亡した事件を追いかけていた。

　過酷な労働現場から逃げ出した中国人が，栃木県西片町（現在の栃木市）で警察官の職務質問を受けた。すでに定められた在留期間を過ぎていた中国人はその場から逃走を図るが，警察官に追いつかれてもみあいとなる。危険を感じた警察官は拳銃を中国人に向け，威嚇射撃することなく発砲した。腹部に銃弾を撃ち込まれた中国人は搬送先の病院で死亡した。これに対し，中国人の遺族が警察官を特別公務員暴行陵虐致死罪で告発した。

　その裁判（第1回公判）が宇都宮地裁でおこなわれたときのことである。

　開廷前に裁判所内で知人と雑談をしていたら，どうも外が騒がしい。何があったのかと職員に訊ねてみたら，「右翼が来ている」とのことだった。

いったいどこの右翼が来たのかと外に飛び出してみたが，私の視界に飛び込んできたのは「右翼」といったイメージには程遠い，若者たちを中心とする数十人の集団だった。
　黒塗りの大型街宣車が停まっているわけでもなく，行動右翼にありがちな戦闘服を身に着けたものもいない。ジーンズにポロシャツ姿の青年や，仕事帰りのOLを連想させるスーツ姿の若い女性，さらにはサラリーマンや主婦のような中年の男女が，裁判所前の歩道いっぱいに集まっていたのである。
　異様だったのは，彼ら彼女らが掲げるプラカードだった。

　「不逞シナ人を追い出せ」
　「発砲されて当然だ！」

そうした文字が躍っていた。さらに「シナ人に射殺を支持するぞ！」といったシュプレヒコールを繰り返す。遺族側の弁護士が裁判所に入ろうとすると，途端に「シナの犬！」といった罵声が集団から飛ばされた。
　いかにも"普通"な見た目と，プラカードやシュプレヒコールの毒々しさがあまりに対照的で，私は混乱した。いったい，この人たちは何者なのか——。
　「シナ人を射殺しろ」と大声で叫んでいた青年に私は話しかけた。
　——どこの団体の方ですか？

　「私たちは一般市民の集まりです」

青年は警戒するふうでもなく，丁寧な受け答えだった。
　——なぜ，ここに集まったのですか？　誰が呼びかけたのですか？

　「今日の裁判のことはネットで知りました。ほとんどの人は，それを見て集まったのではないですか？」

後になって知ったことだが，「２ちゃんねる」などのネット掲示板，保守系ブロガーが運営する複数のサイトにおいて，「不逞シナ人から日本を守れ」といったタイトルのもと，裁判所前で抗議の声をあげようとの呼びかけがおこなわれていたのである。裁判所前に集まったのは，それに応じた人々だった。
　普段着で集まり，本音で憎悪をぶちまける。

その作法が差別デモへとつながっていく。

2007年に宇都宮地裁で初めてそれを目にしたとき、私は正直、こわかった。剥き出しの憎悪と、遠慮のない本音と、ときに笑いながら罵倒するような"軽さ"が恐ろしかった。

だからこそ、取材したいと強く感じた。私が感じた恐怖を伝えたかったし、この運動がきっと広がりを持つに違いないといった確信に近いものもあった。

宇都宮地裁の前に集まった多くの者が、できたばかりの在特会に合流していく。彼らの運動は関東だけでなく、関西、九州、北海道など全国各地に飛び火した。在日コリアンの集住地域で「出ていけ」と叫び、街頭で「在日の犯罪性」を訴える。

激しく、醜く、下劣な運動が、燎原の火のように広がっていく。

私はそれをできるかぎり追いかけた。素性を隠して、おそるおそるデモに参加することもあった。

報じなければいけないと思った。この運動がさらに広がってしまうことを恐れた。

だが——。

多くの編集者は記事化することをためらった。知り合いの記者やテレビマンも同様だった。誰もがこの動きを報じることに躊躇した。

「いつの時代にも、変なヤツはいるだろう」

ある編集者はそう言って、「なにも特別なことじゃない」とニュース価値を否定した。

また別の編集者は「どうせすぐに鎮静化する。一時的なものだ」として、記事掲載を拒んだ。

問題の深刻さをある程度は理解しつつも、「記事にすることで、彼ら(在特会など)を認知してしまうことになる」と漏らす編集者もいた。彼は「無視するのが一番だ」と付け加えた。

実は、こうした編集者の声を聞き続けることで、私もその意見に傾きつつあったことは事実だ。これは一時的な現象であり、報じる価値があるのだろうかと、何度も自問した。

だが結果的に、差別デモの動きは拡大の一途をたどった。「一時的」で終わ

らなかったし,「一部の変なヤツ」だけでなく,あらゆる層に支持を広げていった。

同時に「被害者」を産み続けている。

メディア各社が報じることを躊躇している間に,排外主義の波は日本全体を飲み込んでいたのである。「ヘイト・スピーチ」はいまの日本の気分を表す一つの風景となってしまった。

## Ⅲ　なぜ，ヘイト・スピーチをするのか

ところで,全国各地で差別的・排外的デモを繰り返す在特会とは,どんな集団なのか。

在特会は,在日コリアンが「日本で不当な利益を得ている」と訴えるネット出自の"市民団体"である。「2ちゃんねる」をはじめとするネット掲示板や各種サイトで同志を募り,すでに会員は1万4千人を超えている。全国に35の支部を持ち,いわゆる"ネット右翼"のシンボリックな存在だ。

デモや街宣だけでなく,ときにはそれ以上に過激な行動も辞さない。

2009年12月,京都朝鮮第一初級学校(日本の小学校に該当する)が近隣の公園を体育の授業などで使用していることを「不法占拠」だとして,メンバーらが同校に押しかけた。

平日の昼間である。校内に授業中の生徒がいるにもかかわらず,「朝鮮人は日本に住まわせてやってる」「キムチくさい」「ウンコでも食っとけ」などと集団で罵声を飛ばし,学校関係者との小競り合いにもなった。

この騒動によってメンバーら4人が威力業務妨害などの容疑で逮捕され,全員が有罪判決を受けている。

さらには,朝鮮学校にカンパしたことを「北朝鮮の手先である」として,10年4月に徳島県教職員組合の事務所にメンバーらが乱入。「朝鮮の犬」「非国民」「腹を斬れ」などと叫びながら事務所の業務を妨害した。机上の書類を放り投げたり,トラメガの非常サイレンを鳴らすなど,やりたい放題暴れた彼らもまた,後に逮捕され,やはり全員が有罪判決を受けた。

昨今でもデモの際中に「反レイシズム」グループとの小競り合いなどで逮捕

者を出すことも珍しくない。

　この在特会を率いるのは桜井誠（本名・高田誠　41歳）なる人物だ。在特会の生みの親であり，同時にネット右翼の理論的指導者として，一部からは熱狂的な支持を集めている。過去にはニューヨークタイムズなどの海外メディアが「外国人排斥を訴える日本の新しい右派指導者」として取り上げたこともあった。

　福岡県出身の桜井は，県内の高校を卒業した後に上京。20代から30代の頃にかけては，警備員や区役所の臨時職員を務めながら，空いた時間を使ってネットに「反韓」「嫌韓」のメッセージを書き込む，地味なネット右翼のひとりに過ぎなかった。

　高校時代までの桜井を知る人物によれば，「学校でも目立たないおとなしい人間だった」という。高校生の時に家族と衝突して家出騒ぎを起こし，少しばかり話題となったこともあったが，それ以外の記憶を周囲に与えてはいない。

　桜井が高校を卒業するまで住んでいた地域は九州有数の在日コリアン集住地域に隣接している。近くには朝鮮学校もあった。

　桜井はかつて，自らのブログで次のように記している。

> 「私がまだ子どもだったころチョン校（当時は普通に朝鮮学校のことをこう呼んでいました）の生徒が福岡の街で喧嘩はもちろん他校の生徒からカツアゲはするは，日本の学校に殴り込みをかけて新聞沙汰になるは，暴力団組織となんら変わらないことばかりやっていました」（「Dronpaの独り言」2010年8月25日付）

　1980年代後半。この時代，日本各地で高校生と朝鮮高校生の「喧嘩」が珍しくなかったことは事実だ。対立の原因として，そこにもやはり在日コリアンに対する蔑視が存在していたことは間違いなかろうが，どちらかといえば当時の縄張り争い的なヤンキー文化が，無駄に"抗争"を煽っていた部分も大きいと思う。

　だが，当時，桜井が朝鮮学校との「乱闘」に参加した形跡はない。

　ある同級生は，桜井が「朝鮮人は汚物だ！蛆虫だ！」と叫ぶ姿をネットの動画サイトで目にし，「人間はここまで変わることのができるのかとあらためて思った」とため息を漏らしながら私に話した。

「無口でおとなしかった」若い頃の桜井が，在日コリアンに対してどのような視線を抱えていたのかは知る由がない。だが，歳月は人間をいかようにも変える。1997年に上京した桜井はその後，嫌韓の「理論家」としての頭角を現し，ネット上のカリスマと持ち上げられることになる。

桜井と，彼のシンパによって在特会が結成されたのは2007年のことだ。発足当初の会員数は約500名。この7年間で30倍も増えたのだから急成長といってもよいだろう。

同年1月20日。江戸川区（東京都）の東部フレンドホールで，在特会の「第1回総会」が開催された。事実上の設立集会である。約100名の来場者を前にして，左胸にバラの造花をつけたスーツ姿の桜井は壇上からブチあげた。

>「在日の青年人口の10人に一人がヤクザだという報告もある。いったい，どんな民族なんですか。こういう人間を野放しにしてきたんですよ，我々は。そのうえ生活保護まで支給している。考えてほしい。いま，生活保護を受けることができずに，どれだけの日本人がクビを吊って死んでいるのか。我々の血と汗と涙でもある税金が，外国人に使われてしまっていいのか！」

会場からは「よくない！」「その通りだ！」と声が飛んだ。

聴衆を煽り，その反応を確かめながら，ときに早口でまくしたてる緩急自在の話法は，なかなか堂に入っている。

実は，在特会のある幹部が私にこっそりと打ち明けた話がある。桜井は自分の演説を効果的に見せるための研鑽を欠かさないというのだ。

>「会長の自宅には大きな姿見があるそうなのですが，その前に立って，指先の動きまでを確認しながら，毎晩のようにアジテーションの練習をしているのだと話していました。練習の成果もあってか，演説の上手さは，やはり在特会ナンバー1です」

地味で目立たないネット右翼に過ぎなかった彼は，姿見の前に立ち，腕を振り上げ，孤独な戦いを積み重ねて，「桜井誠」なるキャラクターをつくりあげたのだろう。

設立総会を終えた直後，桜井は自身のブログで次のように"決意"を記した。

＜在日特権の廃止を目指して，在特会では取れる限りのあらゆる方策をもって在日問題を世に訴えかけていきます。ネットの世界では周知のことも，残念ながらまだまだ世間一般に浸透しているとは言いがたい状況です。日韓の関わりたる歴史問題から説き起こし，在日特権とは何か？ 在日になぜこのような特権を与えたのか？ 犯罪まみれ，不正まみれ，反日まみれの不逞在日の実態を分かり易く解説し，様々な活動を経て社会に伝えていきます。＞

演説同様に座り心地の悪い言葉が並ぶ。しかしそれは，憎悪というエネルギーを導き出すための最も効果的な燃料であった。

その桜井と，私は何度か言葉を交わしたことがある。在特会の取材を始めたばかりの頃は，まだ冷静な人柄をのぞかせていたが，その後，私が同会を批判する記事を雑誌などで発表するようになると逆上した。

講演で「私は安田に殺されるかもしれない」と大げさに訴えたかと思えば，「いまこそ一人一殺の覚悟が必要です！」と周囲を煽ることもあった。さらに「安田の取材を受けるな」と会員に通知もしている。

何度も取材を申し込んだがなしのつぶてなので，直接，彼の講演会に足を運んだこともある。

講演が始まる直前に，私は桜井を見つけ出して声をかけた。

だが，彼は私の顔を見るなり激昂した。

　「出て行ってくれ！　あなた，私の親族まで取材しただろう！　そんな人間の取材など受けるわけがない！」

桜井は早口でまくしたてると周囲の取り巻きに「これ，叩き出して！」と命じた。

たちまち私は複数の会員に取り囲まれ，「不退去罪だ」「警察に通報するぞ」などと威嚇されながら，その場から排除された。

卑怯な人間だと思った。日ごろから「覚悟を持て」と会員にけしかけている桜井自身が，自らの手で私を排除すべきであった。

しかし，その後もデモ現場などにおいて桜井の姿や言動を見聞きしているなかで，少しずつ彼が抱える"恐怖"を理解できるようになった。

桜井は，自身がつくりあげた世界を壊されたくないのだ。彼にとって在特会こそがすべてである。朝から晩までツイッターやブログで在日コリアンに対して呪詛の言葉を吐き続け，週末のデモでハネまくるのも，そうしなければ自我を保つことができないからであろう。

私が唯一，正攻法で取材できたのは，在特会の広報局長である。

秋葉原（東京都千代田区）の雑居ビルにある同会事務所で，私は広報局長を名乗る40代の男性と向き合った。

彼の口から漏れる言葉は在日への憎悪に満ち満ちており，私を混乱させるばかりだった。

「権利ばかりを主張して日本人の生活を脅かす」

それが在日なのだと彼は力説した。

「払うべき税金を払って，用が済んだら帰っていただく。それが（外国人としての）普遍的なマナーというものでしょう」

彼にとって「定住外国人」という存在に対する認識はなかった。いまある自分の生活の一部が，外国人の納税や社会貢献によって成立しているといった認識もない。

韓国人や中国人が嫌いだから「朝鮮料理も中華料理も外では食べない」と豪語する彼は筋金入りのレイシストだ。

「貧困で苦しむ日本人が年間に3万人も自殺しているんですよ。しかし在日が自殺したって話など聞いたことがない。特権を享受しているからですよ」

彼はそう力説した。

続けて自分たちの運動を「一種の階級闘争でありエリート批判でもある」と私に述べた。

額面通りに受け取ってはいないし，彼自身がどこまで「階級闘争」を理解しているのかも不明だった。

本来，見下すべき存在だった在日が，いつのまにか特権を享受し，我が物顔に振る舞い，福祉にタダ乗りしている。しかも，それを行政やマスコミが黙認，

庇護しているではないか。
　そうした歪んだ思考から導き出されるのは，様々な権利を奪われゆく「被害者」としての自分である。
　なんとムシの良い「被害者意識」であろうか。自らが引き受けるべき責任を回避し，綿密な分析を避け，ネット上の一部の文言を誇大にとらえて安易なレッテルを貼っているだけだ。
　また，他者を攻撃，揶揄，中傷することは，ときに不健康な娯楽ともなり得る。

> 「日の丸を手にして街頭で『朝鮮人は出ていけ』と叫んだ時，なんていうか，ものすごく誇らしい気持ちになったんですよ」

　いまは在特会を辞めた元会員の男性は，私の取材に対してそのように述懐した。

> 「すっきりした，と言った方が正確かな。何かをやり遂げたような，あるいは敵に打ち勝ったような気分になりました」

　それでも高揚は長くは続かず，彼は１年も経過しないうちに在特会が「バカらしくなって」退会している。
　それはそれで悪くない選択だ。
　だが，退会した彼もまた，いまだ見えていないものがあった。
　謂われなき憎悪を受け続けてきた側の「痛み」である。
　カタルシスや娯楽のためにマイノリティが存在するのではない。ヘイト・スピーチを全身に浴びてきた人間が，そう簡単に「痛み」から解放されるわけがないのだ。
　そもそもマイノリティに恐怖を与え続けている彼らが「被害者」であるわけがないではないか。

> 「私，ずっと攻撃されてたやん。死ねって言われてた。殺してやるって言われてた。朝鮮人は追い出せって言われてた。あれ，全部，私のことやんか。私，ずっと攻撃されてた！　いいことなんて，少しもなかった！」

　あの日の李信恵の声を忘れることができない。
　何度でも繰り返す。ヘイト・スピーチは暴力そのものだ。生身の人間を傷つ

ける。そして，人間を抱える社会そのものを傷つける。だからこそ許せない。

　差別の扇動，マイノリティへの攻撃に毅然とした態度で向き合うのは，社会に生きる者としての義務なのだと私は思っている。

第3章

# ヘイト・スピーチとその被害

中村　一成

## I　問題の所在

　「ヘイト・スピーチ」それ自体が「犯罪行為(クライム)」と見なされ，刑事罰の対象となる独仏等と異なり，日本では「憎悪表現」などと訳され，何か単なる「悪口」の過激な一形態であるかのように見なされている。だが，その実態は，心身のみならず経済的，社会的にも具体的被害を生じさせる暴力そのものであり，更なる暴力をも誘発する。まさにヘイト・クライムの一類型に他ならない。

　「芯からの恐怖と動悸，呼吸困難，悪夢，PTSD，過度の精神的緊張（高血圧），精神疾患，自死にまで到る精神的な症状と感情的な苦痛」——アメリカの弁護士であり批判的人種理論の第一人者であるマリ・J・マツダは，人種差別的スピーチが被害者にもたらす影響をこのように指摘する。[1] 米国の社会心理学者，ケリーナ・クレイグ＝ヘンダーソン（以下，KH）は，ヘイト・クライムが犠牲者に及ぼす心的影響を，①長期にわたり持続する感情的苦痛，②前提の粉砕，③逸脱感情，④帰責の誤り，⑤同じ集団のメンバーに与える影響，の５つに分類しているが，「在日特権を許さない市民の会」(以下，在特会)らの暴言を長時間浴びせられた，京都朝鮮第一初級学校襲撃事件の被害者たち（児童，教師，保護者）の心的反応は，KHによるヘイト・クライム犠牲者の心的影響を余すところなく示している。[2]

　本章ではこの事件の被害者たちへの聴き取りを軸に，ヘイト・スピーチの被害実態について記していく。この事件をとり上げるのは以下のような理由による。①マイノリティの子どもがこの社会で生きるための自尊感情を育む場「朝鮮学校」が，それゆえに標的とされ，属性を否定する罵詈雑言に幾度も晒された被害の態様や，襲撃犯の言動に賛同する者たちが次々と差別行為に加わって

いった伝播性の強さなど，ヘイト・スピーチの典型的な事案と考えられること。②在日朝鮮人がヘイト・スピーチの被害を受けても，子どもと大人，朝鮮学校出身者と日本の学校出身者など，世代や成育歴で心的被害の位相は違う。本件は被害規模が大きく，かつ攻撃が長期間に及んだがゆえ，ヘイト・スピーチの様々な被害が具体的に，その経過も含めて顕れていること。③被害者は襲撃予告の段階から何度も警察に対応を要請している。事後には刑事告訴や仮処分，民事訴訟などの措置に踏み切るなど，合法的な対抗手段をほぼすべて執っている。その意味でも被害防止／救済の観点で日本の現行社会システムを検証できること，などの理由である。

## II　京都朝鮮第一初級学校襲撃事件：何が起ったのか

2009年12月午後，「行動する保守」を標榜する団体「在特会」と，その母体といえる「主権回復を目指す会」のメンバーら11人が京都朝鮮第一初級学校（当時。現在は他校と統合，移転）の南門に集まり，およそ1時間にわたり子どもたちがいる学校に向けて，聞くに堪えない差別街宣を行った。彼らは，歴史的経緯でグラウンドがない同校が，地元と京都市との合意に基づき，隣接する京都市立公園を校庭代わりに使っていたことを「不法占拠」として「公園奪還」を掲げていた。だが，後の民事訴訟で京都地裁判決（橋詰均裁判長）がこれを「（「不法占拠」の主張は，差別街宣の）装いに過ぎない」と断じたように，およそ政治的デモとは程遠い街宣だったことは，彼らの怒号の内容を見れば明らかである。

「戦争中，男手がないとこ，女の人をレイプして虐殺して奪ったのがこの土地」「ここも元々日本人の土地や。お前らが戦後奪ったんちゃうんかい，こら！」「これはね，侵略行為なんですよ。北朝鮮による」「戦後焼野原になった日本人に付け込んで，民族学校，民族教育闘争，こういった形で至るところ，至る日本中，至るとこで土地の収奪が行われている」「ここは北朝鮮のスパイ養成機関」「こいつら密入国の子孫」「犯罪朝鮮人」「犯罪者に教育された子ども」「何が子どもじゃ，スパイの子どもやないか」「端の方歩いとったらええんや，はじめから」「約束というのはね，人間同士がするもんなんですよ。人間と朝鮮人では約束は成立しません」「朝鮮ヤクザ！なめとったらあかんぞ」――。

街宣は昼休みの終わり頃，始まった。中庭の水道に歯を磨きに行って，襲撃者から声をかけられた３年生の子どももいた。襲撃者らが「戦果」として自ら動画サイトにアップロードした映像を観ると，門の向こうに見える教師２人の後ろを数人の子どもが怯えた様子で駆け足で通る姿が映し込まれている。１人の女児は襲撃者たちが漂わせるただならぬ空気と肉声の怒号に，雷に打たれたかのようにその場に立ちすくんでいた。襲撃者たちが陣取った南門の真横に建つ校舎は３階建て。ほどなくトラメガ（拡声器）や肉声での罵詈雑言のシャワーが始まった。３年生にもなれば怒号の意味もある程度はわかる。その日が誕生日だった女児が泣き出すと，嗚咽は連鎖し，瞬く間にクラスの半数以上が火のついたように泣きじゃくった。「このまま壊れてしまうのではないか」（当時の担任）と思うほどの激しさだったという。同じフロアには１，２年生の教室もあり，女性教師２人は児童への対応に追われた。

　３階の講堂では，第一初級を含めて当時，京都，滋賀に計４校あった初級学校高学年の合同授業が行われており，120人ほどの児童が集まっていた。教師たちはカーテンをすべて閉め，レクリエーションで流す音楽の音量を最大にして怒号を遮ろうとした（だが完全な遮断は不可能だったろう）。１階には侵入を防ぐため男性教師たちが降り，襲撃の知らせを聞いて次々と駆け付けた卒業生や保護者らと共に門の内側から襲撃者たちと対峙した。

　学校側の無抵抗に勢いづくように襲撃者は行動を激化させていった。公園に置いていた学校のサッカーゴールを倒し，朝礼台を持ち出して校門に倒しかけ，設置していたスピーカーを切り取り，学校前に持って行った。通報を受け，街宣開始から十数分後にやってきた警官は事態をただ黙認した（それどころか，刑事告訴後の翌年１月14日にも平日の昼間，学校横の公園を起点にしたコースで差別デモが許可された。さらには街宣禁止の仮処分が認められた後の３月28日にも，警察の護衛付で３度目のデモがなされたのだった）。

## Ⅲ　ヘイト・スピーチが与える心的被害

■子どもたちのダメージ
　学校で襲撃に晒された子どもたちのダメージは深刻だった。子どもたちの場

合，襲撃で味わった恐怖は，「持続する感情的苦痛」となって，身体症状として現れた。その日から夜尿や夜泣きが再発した子どももいた。襲撃者を思わせる作業服姿の人間を見て「在特会が来た」と取り乱す子もいた。とりわけ敏感になったのは音である。当日現場にいた教師の中にも駅のホームで酔漢が発した大声や子どもの泣き声を聞いて，事件の光景がふっと湧き上がったと語る人もいるくらいだ。文言の意味がわからなくても，拡声器を使った怒号を浴びた経験それ自体が子どもたちの心の奥深くに深い傷をつけていた。廃品回収のアナウンスや選挙カーの発する大きな声に怯える子もいた。選挙の時は不安定になって大変だと語る親もいた。ある2年男児は，4時間の授業にあわせて4本の鉛筆を学校に持って行っていたが，うち2本はなぜか使わず，時に手に持って歩いたりしていた。「これで在特会と闘う」ためだという。あえて強気な姿勢を見せる子は他にもいたが，それは無意識の恐怖の「否認」ではないのか。現にこの子どもは2回目の街宣予定がネット上に告知されたことを知ると，「やっぱり無理，できひん。怖い」などと涙目で母親に訴えたという。

　さらに多くの親が子どもから質問攻勢に遭った。「朝鮮人って悪いことなん？」「朝鮮学校ってアカンのん？」「オンマ（「母親」を意味する朝鮮語の子ども言葉），私ら何か悪いことしてるの？」「『朝鮮人』って悪い言葉なん？」「私らなんで日本に住んでるの？」。KHが指摘する「逸脱感情」だ。「ヘイト・クライムの被害者は，自分が狙われたのは自分が他とは違うためであることを知っており，それゆえ，逸脱感を覚え，否定的な自己イメージをもつようになる[3]」。

　女性保護者Aは言う。「朝鮮学校で学んでいる，特に4世，5世の小さな子どもたちは，『朝鮮』に差別的な悪意を込めた『チョーセン』という用法があることをまったく意識していないんです。オモニたちはなんと説明したらいいのか悩んでましたね。『朝鮮人』という言葉を差別的な意味で使う人がいるのかを教えるべきなのかと。本当はそんなことは教えたくない。だからこそ親は子どもを朝鮮学校に送るんです。余計なことを意識せず，伸び伸びと育ってほしいと」。だが，そのように語る彼女自身，事件直後に地元のスーパーで，娘に「オンマー！」と大きな声で呼ばれた時，背中に冷たいものが走り，思わず娘の口を塞ぎたくなったという。

　「自分の国の言葉を日本社会の中で自然と使う。これは朝鮮学校に子どもを

通わせた時の思いの一つなんですけど，嬉しいより先に恐怖が走ったんです。それぐらいに追い詰められていたんですね。かといって外では『お母さん』『ママ』と呼びなさいとは言えないですよね。自分が揺れたら子どもの心も揺れると思うから，いつも葛藤してましたね」。自分たちに対する明確な悪意が存在することを教えなければ，娘は自身に降りかかるかもしれぬ危険に対処できないかもしれない。だが，母親自らそれを言うことは，娘に芽生えた「逸脱感情」を強化することになる。それは，この社会で生きていく娘の展望を破壊することではないのか。

　朝鮮学校に通う子どもたちが「朝鮮人って悪いことなん？」と訊くことはまさに，以前の自尊感情が揺らぎ，「逸脱感情」を抱いていることを意味していた。そもそも親たちが朝鮮学校に子どもを通わせている大きな理由は，自尊過剰の涵養である。「弁当箱を開けた時，キムチの匂いがしても周りを気にしない環境を与えたかった」。Aの言葉だ。「『朝鮮』という言葉を緊張や屈折なく使って欲しかった」。別のオモニはこう言った。経済的負担や安心・安全の不安を抱えつつ，それでも朝鮮学校に子どもを通わせたのは，まさにこの「逸脱」から子どもを守りたかったからだ。だがそのために与えた場で，子どもたちはあのような被害にあったのだ。朝鮮人として生きることが否定されたのだった。

　聴き取りをしたのは2013年春から夏にかけて。事件からすでに3年半が経っていたが，依然，子どもたちの心の傷は残っていた。地元のファミリーレストランに「在特会がいる」と言い張り，行くのを拒む子もいた。たまたまニュース番組で流れたヘイトデモの映像を見た子どもが，テレビを点けていた親に怒りの矛先を向けたり，「もう日本人になろかな」と呟いた例もあった。ある男児は3年半が経った時点でも一人で留守番ができなかった。割れた音や怒声に対し，拡声器アレルギーともいうべき恐怖を露わにする子どもも多い。

　心的外傷ストレス障害（PTSD）は，その原因となる出来事との因果関係がはっきりしなくなった時期に現れることも少なくない。ある子どもは事件後3年を経てから突然，夜，一人でトイレに行けなくなった。「（トイレの排水の）音が怖い」のだという。中高生を対象に，阪神淡路大震災で被災した子どものPTSDを追跡した兵庫県教委の調査では，「心のケアが必要な子ども」は震災3年後にピーク（4106人）を記録している[4]。兵庫県教委はスクールカウンセラー

や「心のケア担当教員」の加配などで対応したが，保健の先生すら財政的に雇用できない朝鮮学校にその余裕はない。

　当時の在校生で，今は京都朝鮮中高級学校に学ぶ生徒は語る。「（通学路の）銀閣寺は観光客も多いですけど，道を訊かれても緊張します。登校する時は観光客の多い銀閣寺道を避けて裏門を使いますし，部活でチョゴリを着て移動する時は視線が気になるし，教材もハングルで書いてますから，バスや電車の中で開く時には緊張しますね」。自分の身にいつどのような暴力が振るわれるかわからないという恐怖を絶えず抱きながら日常生活を送る。KHが指摘する，ヘイト・クライム犠牲者に共通して見られる「（日常生活の中でむやみに傷つけられるはずはないという）前提の粉砕」である[5]。

　この生徒は民事訴訟の傍聴にも一度来たこともある。「在特会の人と弁護士が日本人なのはわかってましたけど，よく考えれば裁判長も日本人で，傍聴席にいるのも日本人ですよね。支援者ばかりだって後でわかって安心しましたけど，最初はみんなあっち側の人なんじゃないかと不安になってしまいました」。我知らず身に付けた攻撃性を自覚したこともある。SNSで同世代の「ネトウヨ」と衝突した時には，自分でも驚くような文言を使って罵倒してしまったという。朝鮮学校生は朝，家から出る時と夕刻，校門から出る時に深呼吸をするとよく言われるが，あの街宣が彼女に刻み付けた「外部」への不信感は拭いがたいようだった。彼女だけではない。「あれ以降，子どもは『日本人』と聞くと目がつり上がるような部分が出てきて，在特会は日本人の一部で，基本的にはいい人だとことさらに言わなければいけなくなった」というオモニは何人もいた。これも，ヘイト・クライムが被害者に及ぼす心的影響のひとつとしてKHが指摘する「帰責の誤り」である[6]。加害者はいうまでもなく，「在特会」ら襲撃者だ。だが，ヘイト・クライム被害者は，加害者と同じ集団に属する者たち（この場合は日本人）を潜在的加害者と見なすようになる。

　自らが朝鮮人であることや，来歴，在日の根拠について語る必要がない朝鮮学校は，子どもにとってある種の「シェルター」である。他でもないその場所で，子どもたちは日本社会に確実に存在する悪意や憎悪にさらされたのだった。しかもサイバースペースにはあの時の動画が地雷のように埋め込まれている。ヘイト・スピーチが社会問題化した2013年に，テレビ番組で流れたデモ映

像で激しく動揺した子どもがいたのは前述の通りである。

■大人たちのダメージ
　子どもには「動揺」を見せられなかった大人たちも実際には深く傷ついていた。その心的被害は，子どもたちの直反応的なそれに比べ，日本社会における自身の被差別の体験という歴史性や社会性と深く結びついている。彼らの口を衝いたのは「喪失感」「引き戻される」「無力感」「アウェー感」「不安感」「恐怖感」といった言葉の数々だった。

■「喪失感」あるいは「前提の崩壊」
　「喪失感」を語ったのは男性保護者Bだ。彼は当日，学校に駆け付け，数十分に渡って罵詈雑言を浴びた。その後2回の街宣にも立ち会った。彼が「被害」を実感し始めたのは初回の街宣があった日の夜である。その場では何も思考できず，数時間後，あるいは数日後に受けた被害を実感し始めるのは街宣時に現場で対峙した人に共通する特徴だった。
　彼が一人で反芻していたのは日本の小学校に通っていた時期，学校で受けた差別体験だった。同級生に囲まれて，差別語「チョンコ」を幾度も投げつけられた。当時，Bは通称名を名乗っていたが，姓に入った「金」の文字から目星をつけられていたのだという。「その時にぼく自身は自分の名前が非常に悪いもの，自分の出自というのが非常に恥ずかしいもんだと思ったんですよね。何というか肯定的に思えないもんだというふうに思い込んでしまった。韓国朝鮮の話が学校の社会科の中で出ても，なんか『ばれるんちゃうかな』って」。
　まさにヘイト・スピーチがもたらす「逸脱感情」だが，同様の被差別体験は高校時代まで続いた。しばしば殴り合いの喧嘩になったが，決して自分の名前や出自を守るためではなく，売られた喧嘩を買った以外の何ものでもなかった。そんな生き方に嫌気がさし，大学時代に通称名を捨てた。同胞サークルで同世代の仲間たちと語らい，朝鮮人として生きる動機付けを重ねてきた。子どもを朝鮮学校に入れたのも，半分は自身のモチベーションを上げるためだという。だがあの街宣は必死で積み上げてきた蓄積を根本から揺るがし，身を潜めるように生きていた幼少時代にBを引き戻した。

「日本社会の構成員として,僕らもこれまでいろんな形で努力してきたと思うんです。日本社会側でも1990年代から『多文化共生』とか言われ出して,朝鮮学校に対する差別措置も徐々にではあるけど改善されていった。それなのにあの街宣は,自分がこの社会に対して持っている,というよりは積み上げてきた感覚,認識を根こそぎにしてしまった。小学校時代の経験に引き戻された。努力して高めてきたものをあの街宣は『ドカーン』と落としてしまった。同じ人間じゃないと言われたわけですよ。頭の中は真っ白でした」。

他の人でも「喪失感」は被差別体験への「引き戻される感じ」と得てしてセットだった。

3度の襲撃のいずれにも臨場したAが「引き戻された」のもまた,10歳前後の被差別体験だった。朝鮮学校に通っているとはいえ,遊ぶ時は近所の子と一緒だった。何か気に食わないことがあると「チョーセン,あっちいけ」と罵声を浴びた。時には取っ組み合いの喧嘩をしたこともあったというが,苛めは執拗だった。ランドセルに挿していたそろばんを後ろから抜かれ,「チョーセン！」の罵声と共に頭を殴りつけられたこともあった。「そんな記憶があって,ずーっと,なんていうかな,疎外感っていうのかな。……朝鮮人が嫌な人がいるんだなって,そんな感じでしたね」。

朝鮮人であることを「理由」に暴力を振るわれた彼女にとって,「朝鮮」は蔑称としての「チョーセン」でもあった。転機は結婚,出産後,少しの期間,子どもを預けた日本の保育園だった。「自分の子どもに日本人の保母が離乳食を与えている光景を見て,『一緒に生きる』ということを考えたんですね。昔のことがあったから私,日本人に警戒していた部分があるけど,『けっこういい人多いやん』って。その時初めて私,『在日』の親になったと思うんです」。そうして積み重ねてきた信頼感覚を揺るがしたのがあの街宣だった。特に事件後,彼女は子どもに対し,相手を「日本人だから」と色眼鏡で見るのではなく,「人間として付き合う」ことを説いている。それは彼女自身に言い聞かせているようにも思えた。

教務主任のCが感じたのも「喪失感」だった。彼が学校生活を送り,教師生活をスタートさせたのは1980年代から90年代で,朝鮮学校の展望が開けていく

時期だった。国際人権規約（1979年）や難民条約（1981年）など欧米からの外圧に押される形で日本が国際人権条約への批准を「強いられていた」時期だった。しかも国内的には指紋押捺拒否闘争が、逮捕、起訴、再入国拒否など日本政府の強権姿勢にもかかわらず、国籍、民族を超えて広汎な広がりを見せていた。朝鮮学校を巡る処遇も改善されていった。

　Cが教師になった1990年以降、彼の現役時代は門前払いだったインターハイなど各種大会への門戸が開かれていった。また、JR各社の通学定期運賃の割引率格差が是正され、大学入学資格についても朝鮮学校の卒業資格で大学を受験できるまでになった（定時制へのダブルスクールを余儀なくされていた従来の負担はなくなったが、他の外国人学校が学校単位での受験を認められたのに対し、朝鮮学校だけは個人単位での認定というシステムが持ち込まれた。他の外国人学校と朝鮮学校を分けて、朝鮮学校のみを差別するこの手法は、高校無償化からの排除にも引き継がれた）。

　朝鮮学校のカリキュラム自体も保護者のニーズをくみ取る形でより在日志向になっていった。Cが教員となって最初の教科書改訂は1993年。その段階で初級の正規教科から政治教育科目は消え、日本の地理、歴史、経済が入った。Cが現役時代にはほぼ皆無だった日本の学校との交流も進んで行った。「手探りでしたけど日本の学校の先生と知り合う中でわかったのは、当たり前ですけど『同じ教員』であること。子どもの教育という接点では、力を合わせて何かをできるんじゃないかと思ったんです」。

　日本社会で「朝鮮学校」への認知が進み、「共生」という展望が開けていく。そこでCが取り組んだのは朝鮮学校の課題である障害のある子どもの教育だった。学生ボランティアや退職した養護学校教員のサポートを得て、3年生に居たダウン症の子どもを対象に抜き出し授業を行った。日本学校との交流で得たネットワークを活かし、研究会にも参加してノウハウを学んだ。手応えを実感した矢先に起こったのが差別街宣だった。対応に忙殺される中で、抜き出し授業はおろか、授業それ自体も自習にする場面が増えた。年を追うごとに充実した教育をしたいというのは教師の性だが、事件に追われる中で手が回らなくなった。「結局、彼ら（在特会ら）が運営上の中心課題になって、そこに全教員が労力を割かれてしまった。一人一人の子どもにとって初級時代は当たり前ですけど一生に一度しかない。でもその時代を十分に過ごさせてあげられなかっ

たことが本当に悔しい」。

不意を衝かれた１回目はひたすら耐えた。日時が告知された２回目（１月14日）は校外学習に切り替えた。何一つ自分たちは悪くないのに，襲撃者を避けて遠足をする。屈辱の極みの判断は，子どもたちにも伝わっていた。そのつど「自分たちは悪くない」と説明したＣが憂慮するのは子どもたちの将来だ。「普段から『朝鮮人であることは悪いことではない』『誇りを持って生きよう』と言いながら，それを全否定するような事態になってしまった。『こんなん学校やない』とか『スパイ養成機関』とか。言葉だから大丈夫，ではない。言葉だからこそ残る。将来的な影響を心配しています。子どもたちのいる場で１度ならず計３度の街宣がなされたわけです。日本の社会はこれがOKなのか？ということです。これまで積み上げたはずのものは砂上の楼閣だったのかと……」。

差別街宣に臨場した当時の教師たちがもっとも悔しかった罵声にあげる一つは「こんなん学校やない」だった。少しずつ処遇が改善されてきたところに冷水を浴びせる言葉だった。その後，高校無償化からの排除が決定，その言葉は更に現実のものとなる。民間のレイシストと政府から，「対等な存在ではない」と通告されたのである。

Ａ，Ｂ，Ｃ，３人がそれぞれの立場から語る「喪失感」とは何か。保護者たちは大抵が在日３世，そして２世だ。祖父母や父母は彼彼女らより遥かに差別が公然と，そして激しかった時代を生きてきた。彼ら自身，世代的に，その成長の過程で朝鮮人であるがゆえのヘイト・スピーチにさらされ「逸脱感情」をもったこともあった。Ｃはさらに教員の立場で，朝鮮学校に対する種々の差別も経験してきた。だが，彼らは，日本に生まれ育った「在日」として，日本社会の一員として，共生社会の実現を目指して努力を積み重ねてきた。その努力によって差別が克服されていくとともに，徐々にこの社会が生きるに足る社会となっていくことを信じ，子どもにより展望のある社会を残そうとしてきた彼らの思いをあの街宣は傷つけた。何よりもあのデモは，日本の官憲によって許可され，多数者の無関心のもとで完遂されたのだ。官憲ともどもあの街宣は，彼らがこの社会に対して覚えた信頼が，実は「幻想」に過ぎないことを突きつけたのだった。ヘイト・クライム犠牲者に共通する，この世界は生きるに値する世界だという「前提の崩壊」である。

■「持続する感情的苦痛」「逸脱感情」「帰責の誤り」

　計3度の街宣を防げなかった「無力感」は教師や保護者の中にも根深く残っている。とりわけ事前に予告を知りながら，あの街宣を防げなかった人たちにとってそれは深刻だった。「申し訳なくて私，あの日は子どもたちの顔を見られなかったんです」。元教師はこう語った。「甘かった，私が甘かった」と繰り返した保護者は何人もいた。子どもへの襲撃を防げない「無力感」，やり場のない怒りは得てして，自らに向いていった。

　子どもが「悪意」に晒されている「不安感」は今もオモニたちの心中を満たしている。しかも保護者の多くは1970から80年代に朝鮮学校で学び，遊んだ経験を持つ。直接であれ見聞であれ，子どもが味わった恐怖を具体的にイメージできる原体験を持っていた。言い換えるならば「引き戻される」場所をもっていた。通学途中に自らのチョゴリを切り裂かれた経験を思い出したというオモニや，通学バスの中で級友が酔漢に殴られた経験を想起したオモニもいた。

　チマチョゴリ事件のほぼすべてが未解決なのは象徴的だ。「もしかするとマシになったかもしれない」と思いたかった「朝鮮人差別」という日本社会の汚泥が21世紀になって噴出していたのだった。

　開口一番，「私らの子ども，在特会の受け付けやったんですよ」と笑ったオモニもいた。我が子が実行犯から「こっちおいで」などと声を掛けられたことを彼女流のユーモアで表現したのである。笑いに包んで事態を語る保護者は少なくない。子どもが不特定多数からの敵意に晒されていて，いざという時に自分たちは守られないかもしれないとの不安は，諧謔を交えねば話せないのかもしれない。そんな彼女も動画を初めて観た時は涙が流れた。「集住地域で朝鮮学校でしょ。回りは同胞ばかりだし『お山の大将』だったんですね。その時は『やっぱりアウェーなんや』って，あの時初めてくらいに思いましたね」。

　学校と保護者は12月4日の襲撃後に襲撃者らを名誉毀損などで刑事告訴した。だが前述のように彼らの街宣は止まらなかった。1度でもあってはならぬことが警察の許可とこの社会のマジョリティーの無関心のもと，3回に渡ってなされたのである。その度に体を張って差別デモを監視し，学校への襲撃を阻止したのは朝鮮人青年たちだった。「1回目は衝撃だった。でも2回目，3回目は恐怖だった」と語ったのはBだった。「誰も守ってくれなかった」「自分た

ちで守るしかないんだなって……」と語る保護者もいた。

　インタビューをすると，出来事それ自体のディテールについては既に記憶があいまいな人も少なくなかったが，当時の感覚は呼ばずとも湧き上がってきた。スイッチを押したように感情が制御できなくなり泣き出す人もいた。語れば体調に異変を生じるとの声も聞いた。今でもBは，「あの時」を想起すると緊張が高まり腹痛に苦しむという。Aは動画を観ると，「子宮が痛くなる」と語った。また，法廷で「あのころ」を時に声を詰まらせて語ったCは，元々極度の緊張性なことも相まって，証言後には激しい胃痛に襲われた。

　余りにも理不尽な差別を受けた者は，差別者に論理的・感情的に反撃することができず，逆に黙り込む（沈黙効果）傾向がある。そして「沈黙の穴」に落ち込んだ者は得てして，合理的に説明のつく理由——たとえば公園への私物設置や，手の打ち方の甘さに——に責任を帰する傾向がある。「自分の甘さ」を攻める例は前述の通りである。今回は他校への聴き取りはしていないが，「被害者集団に属する者への影響」は言うまでもないだろう。古くはチマチョゴリ事件などの暴力事件や，不審者騒ぎがある度に，朝鮮学校では他地域でも集団登下校体制をとらざるを得ない——。

## Ⅳ　ヘイト・スピーチによって生じる多岐にわたる被害

　冒頭挙げたマツダやKHの分析はヘイト・スピーチなどのヘイト・クライムが被害者に及ぼす心的影響に限定されているが，襲撃事件がもたらしたのは心的被害だけではない。翌日からオモニ会は朝夕の登下校や最寄駅での見回り体制をとった。それは翌年の年度明けまで恒常的に続いた。対応に忙殺される中で，Aは当時，かけもっていた3つの仕事のうち2つを辞めている。退職に追い込まれたのは彼女だけではない。もとより日本の学校より遥かに金のかかる朝鮮学校——各種学校を「理由」に私学助成から排除されているからだ——に子どもを通わせている保護者たちの経済的負担が更に増すのである。これも差別街宣がもたらした被害である。

　何か非常事態が起こると，あらゆる面で差別されている朝鮮学校の状況がより鮮明になってくる。保護者が事件対応に追われることは，普段は朝鮮学校を

支える保護者たちの「無償労働」ができなくなることを意味していた。学校に近接する公園内では当時，高速道路の延伸工事が行われており，教師は大型車両が行き交う状況に対する安全対策に少なからぬ時間と労力を割いていた。これにレイシスト対策が加わったのだ。ただでさえギリギリの運営を強いられている朝鮮学校で教師に警察官や警備員の役目が加わってくれば自習時間も増える。これは子どもたちの学力低下をもたらすことになった。学力だけではない。「火種」となった公園での体育授業もままならなくなった。当時の在学生は長距離走などをすると明確に他校の生徒と体力差が出るという。

被害の波及は在校生の教育環境だけにとどまらなかった。事件に翻弄された年末から翌春は，児童，生徒の勧誘に大事な時期でもあった。だが初回の襲撃翌日にあった入学説明会の参加者はゼロだった。最終的に幼稚班，初級ともそれぞれ10人が入園・入学したが，いずれも例年の約半数だった。

事件で在特会の「聖地」となった学校周辺には頻繁に不審者が現れ，何かトラブルがあると警察が出動する騒ぎになり，そのたびにCが警察署に駆け付けた。教頭にあたるCの日常は対策一色に染め上げられた。2学期が終わった12月下旬，Cは過労で倒れている。

初回の街宣直後から学校には電話が相次いだ。激励もあったが大半は無言電話や一方的な怒号だった。いちいち相手にしていられないが，いたずらに刺激すれば子どもが標的になるかもしれない。その都度，業務が中断した。職員会議の議題も「安心・安全」が中心となり，会議は長時間化し，授業準備に使う時間が圧迫されていく。

事件以降は，付き添い教師がいない時に公園へ出ることは禁止した。それは早朝から授業合間の休憩時間まで，誰か教師が公園に付くシフトを組むことを意味していた。人繰りが付かなければ時間を捻出できる者がシフトに入る。保護者への説明，外部への対応――。前日深夜までかかって授業の教材を準備しても，時間の余裕がなく教室から数メートル横の職員室に教材を取りに行けなかった経験を語る教師もいた。「ウリハッキョなら大丈夫」[7]と言って子どもたちを勧誘したのである。「できないこと」が積み重なっていくストレスが教師を苦しめた。「なんか眠っていても申し訳ない気がして，あれもせなアカン，これもせなアカンって。ほんとに辛かった……」。心身とも疲弊の極みに達し，

2013年春に20年以上の教員生活を断念，退職したある教師は，話がこの段に及ぶと堰を切ったように涙をあふれさせた。この時の教師の半数以上は，事件から3年半の間に退職している。事件をめぐる過重労働が大きな原因である。

　繰り返された差別街宣は，差別扇動の典型的な結果をもたらした。「被害者が厄介者」となる倒錯である。在特会らから「不法占拠黙認」などの批判を受けることを恐れた京都市は，都市公園法に違反している可能性がある，などとして第三者を決め込んだ。学校と公園の間に延びる道路を走る車との接触を防ぐため，学校側が設置したカーブミラーの撤去すら求めてきた。在特会からの批判を警戒してのことだった。

　そして事件後，朝鮮学校は地域における迷惑施設化していった。半世紀にわたって運営されてきた学校と地域社会との関係は計3回のヘイトデモ，うち2回は機動隊の護衛付きで強行された差別街宣で揺らいでしまったのだ。三者合意で使い続けてきた公園の使用もままならなくなり，教育環境は破壊された。元々あった移転計画も急ピッチとなり，事件から2年半後，学校は閉校した。広範な募金運動もできなかったし，閉校セレモニーはおろか，半世紀以上も「共に生きてきた」はずの地元に対して，開かれた形での儀礼の場も持てなかった。在特会の動きを意識しながらの移転をCは後にこう振り返っている。「まるで夜逃げでした」。

　では物心両面に及ぶ被害をどう回復するのか。自力救済ができない以上，合法的な対応策は法的措置しかない。だがそこで被害者たちが直面したのは，日本には差別街宣を防いだり，その法的責任を的確に問う根拠法がない現実だった。刑法，民法を駆使して司法の場に問題を委ねたが，それは彼彼女らが被った苦しみが，この社会では「犯罪ではない」あるいは民事上の「『不法行為』ではない」と示されるリスクをも意味していた。

　そもそも，初回の襲撃時に警察官が何一つしなかった不作為が，警察的には「問題のない職務執行」なのである。刑事告訴から8カ月後，京都府警は襲撃者4人を逮捕したが，保護者や学校側がこだわった「名誉毀損」は，検察庁の独断で「侮辱罪」，単なる悪口に格下げされた。「しょせん日本の司法は朝鮮人，朝鮮学校を守らない」。複数の関係者から同様の言葉を聞いた。数々の弾圧にみられる例外状態を強いられた結果として，社会システムの中で物事を解

決することに前向きになれない。まず「諦念」が先に立つのだ。社会的平等の枠外に自分を置いてしまう「逸脱感情」。これも一つの被害である（だからこそ2013年10月7日の民事訴訟判決は、「勝訴」を超えた「信頼感覚の回復」の意味を持つ）。

　そして民事訴訟の問題は救済制度としての使い勝手の悪さだ。まずもって原告を誰にするかである。素直に考えれば朝鮮学校で教育を受ける権利を侵害されたのは子どもだ。原告は児童・生徒にすればすっきりとするが、それは相手に子どもの個人情報を渡すことになる。出来ない相談だった。だから裁判では民族教育を実施する権利が侵害されたという事実に鑑み、学校法人を原告にした。提訴前の段階でこのたいへんさだ。しかも裁判を抱えていることで、被害者は「あの時」に引き戻される回路を抱えることになった。

　被害者にとって民事訴訟とは、襲撃者の法的な責任を問い、そして公の場で自らの正当性を確認する回復の場であるだけではない。自分たちの行為は「正義」であり「正当」と主張する被告側に発言の機会を与えるのだ。それは傍聴席にいる被害者たちにとっては幾度目かのヘイトデモに等しかった。

　一連の襲撃を企画した主犯男性は尋問で、「朝鮮学校で行われている教育など配慮するに値しない」との見解を披歴し、「不法占拠しているということを（子どもに）教えるのも大人の務め」などと語った。「女の人レイプして虐殺して奪ったのがこの土地」などの文言の無根拠や、近隣全戸にアンケートをして迷惑を確認したなどの発言も虚偽だったことが明らかになった。彼は初回街宣時の仲間内のマニュアルには「多重人格者のごとく変貌し、狂いだしマイク街宣を始める」などとも記していた。原告側弁護士にその趣旨を訊かれると彼はこともなげにいった。「まあ、お笑いですね」。傍聴席から被告に怒声を浴びせれば退廷になる。代わりに法廷内には抗議を込めた冷笑が何度も響き、裁判官が「ここは法廷ですので」とやんわり注意する光景が繰り返された。だが、何人かの保護者は口を真一文字に結んで前方を見据えていた。平日の昼間に傍聴に来る理由を聞くと、多くの保護者たちはこう言った。「こんなに人を傷つけた動機が知りたい」。合理的な説明が欲しかったのだ。だが保護者が突き付けられたのは、こんな「軽さ」で襲撃者は子どもの心に斬り付けたという事実である、それ自体が二次被害だった。

　「わけのわからない存在と思うことにした」「この人はこれを信じてるんだ

と，バカバカしくてむしろ突き放すことができた」などと語る人もいる。だがつねに全員がそうとは限らない。被告側の弁護士が，政治教育色が強かった数十年前の朝鮮学校についての暴露本や，出所不明の風聞を駆使し，「(朝鮮学校の教育自体が)ヘイト・スピーチ教育ととられても仕方がないと言える」などと語った時，あるオモニが傍聴席で号泣したこともあった。我が子が毎日，楽しく通っている場が，公の場で，またも侮辱されたのだから。

　さらには裁判官への訴求力を追求することが法廷の被害者をあの時に「引き戻す」ことにもなってしまう。第8回口頭弁論では襲撃動画が上映された。あの時の辛さを語る保護者も少なくない。上映前には「退席可」「控室あり」の告知がなされたが，その時，廷内にいた在特会幹部が言った。「そうだ，出て行け」。ある保護者はその声が今も耳に残っているという。加害者側の発言だけではない。原告側の陳述内容に「小さい時に『チョーセン，チョーセン』と言われた体験を思い出した。なんで30，40年って差別が続いてるんだろうと思って」涙が出たと言う保護者や，自分が学生だった1980年代，チョゴリ姿の級友が通学中に殴られたり暴言を浴びたことを思いだしたオモニたちもいた。法廷に出ることで，「あの時」ばかりか，幼い自分に受けた被差別体験に引き戻されたのだ。

　陳述した教師や保護者の心的負担も大きかった。Aは準備段階で何度も「あの時」に引き戻された。目の前に鎮座する裁判長に自分の思いを必死で訴えている夢を幾度も見て，そのたびに泣きながら目を覚ましたという。Cは「最後に裁判所に言いたいことは？」と問われ，こういった。「言葉だからいいんじゃないし，言葉だからこそ残る。これまで学んで来たことを全否定された傷は私たち教師でも残っている。早くこれを解決して，『2度とこんなことは起こらないんだよ』ということをちゃんと伝えたい。子どもらも，遠い所から送っている保護者の方にも」。

　法廷闘争の結果は勝訴だった。だが提訴から判決まで3年半を要した。提訴前にあった最大の消極論の一つは「相手を刺激すれば子どもに危険が及ぶ」だった。オモニたちは口々に言う。「テレビで『北朝鮮のニュース』が報じられる度に不安になる」「帰る時間が遅くなると何かあったのかと思う」。それと同じ緊張がこの期間ずっと続いたのだ。判決の日も学校は子どもの安全を考えて

集団登下校体制をとっていた。判決如何によっては即日，再度の差別街宣がなされる可能性もあったのだ。そのようなリスクを抱えてでも，日本では，民事訴訟をするしかなかったのである。日本では法務省人権擁護局の人権救済制度や，弁護士会の人権救済活動があるが，スピードや法的拘束力など限界がある。世界の多くの国では，政府から独立し，簡易で迅速な人権侵害被害の救済をはかる「国内人権機関」を設置しているが，日本にはない。事件は日本の社会システムの欠陥をも露わにしていた。

この社会で今現在，進行しているヘイト・スピーチ被害の一端である。差別街宣は「表現」などではない。以上，見てきたことからもわかるように，それは，この社会でマイノリティが「幸福を追求する権利」を否定し，民主主義の基盤である「法の下の平等」それ自体を破壊する暴力に他ならない。その「不正」が放置されているのがこの社会の現実だ。

3度の街宣を「看過」した結果として，この社会では2013年以降，毎週のように全国のどこかで差別街宣がなされている。本稿執筆時には，神戸朝鮮高級学校に鉄棒を持った男が乱入し，「朝鮮人か」と言いながら教員に殴り掛かる事件まで起きた。1923年の関東大震災時，官民によるヘイト・スピーチで数千人もの朝鮮人らが虐殺された歴史を持つはずの，この社会の現実である。ヘイト・スピーチはより過激な暴力を誘発していく。その行きつく先はジェノサイドなのだ。実態を知らぬ学識者らが「表現の自由」と「法規制」のシーソーゲームのように問題を転がしている間にも，心的，社会的，経済的な被害と物理的暴力の危険性は拡大している。法規制の具体的検討と同時に，被害実態を調査し，その実効的な救済に何が必要なのかを議論すべきだろう。私たちには，次代へ生きるに値する社会を残すと同時に，「差別が不正とされない」社会の中で生き，先立って行った者たちに正義を還す義務があるのだから。

〔註〕
1) Matsuda, Mari J. 'Public response to Racist Speech: Considering the Victim's Story', *Words That wound: Critical Race Theory, Assaultive Speech, And The First Amendment*, Westview Press, 1993, p. 24.
2) Craig-Henderson, K. 'The Psychological Harms of Hate: Implications and Interventions', Perry,B. et al. eds., *Hate Crime: The Consequences of Hate Crime*, Preager Perspectives,

2009, pp. 21-24.
3 ）　Ibid., pp. 22-23.
4 ）　兵庫県教育委員会『災害を受けた子どもたちに心の理解とケア』（2011年）28頁。
5 ）　Craig-Henderson, K., Slan, L. R. 'After the Hate: Helping Psychologists Help Victims of Racist Hate Crime', *Clinical Psychology: Science and Practice,* Oxford Univercity Press, 2003, p. 483.
6 ）　Craig-Henderson, K. 'The Psychological Harms of Hate : Implications and Interventions', Perry,B. et al. eds., *Hate Crime: The Consequences of Hate Crime,* Preager Perspectives, 2009, p. 23.
7 ）　우리（ウリ：私たちの）학교（ハッキョ：学校）。朝鮮学校を意味する。

第Ⅱ部　表現の自由とヘイト・スピーチ

第 4 章

# 表現の自由とは何か
或いはヘイト・スピーチについて

遠藤 比呂通

## I　問題設定

　「アウシュヴィッツが二度とあってはならないということは，教育に対する最優先の要請です」[1]。

　こう語ったのは，ユダヤ人哲学者アドルノであった。
　アドルノは，教育の理想をめぐるいかなる論争も，アウシュヴィッツを繰り返さないというこのたった一つの理想を前にすれば，つまらないどうでもよいことだという。
　アウシュヴィッツの原理に逆らう唯一本当の力とは，カントの言葉でいえば，自律である。
　それは反省し，自分で決定し，人に同調しない力のことである。
　ファシズムが再来するか否かは，決定的なところにおいては，心理の問題ではなく，社会の問題であると，アドルノはいう[2]。
　そうだとすれば，なぜ人々はひどい差別行為をするのかの解明より，どの社会にもあるそのような差別行為に社会がどう対処するかが重要である。
　アドルノの言葉を冒頭に引用したのは，本章が，「表現の自由とヘイト・スピーチ（憎悪表現）」を論じるに際し，日本が侵略の果てに行った，「南京大虐殺」や「従軍慰安婦と呼ばれる性奴隷制度」を二度と繰り返してはならない，という視点をとるからである。
　アウシュヴィッツを繰り返さないためには，自律を援助，促進する教育が不可欠なわけであるが，それを支え，補完するための法制度が「人を辱めることは言ってはならない」という表現規制であろう。

この視点から「表現の自由とヘイト・スピーチ（憎悪表現）」の問題はどのように定式化され，解決されるべきかを本章は論じたい。

## Ⅱ　個人の尊重と差別禁止

「表現の自由とヘイト・スピーチ（憎悪表現）」をテーマにして以下述べることにする。

まず，表現の自由とは何なのであろうか。

民主主義という自己統治にとって政治的表現の自由は不可欠だといわれる。表現の自由は，自己実現の見地からも重要だといわれる。

しかし，自己統治や自己実現は，自律の観点からみたとき，他者の人格を傷つけ，ときには死に追いやるような内容の表現を正当化するわけではないはずである。

むしろ，これを制限することの方が，自律に資することにもなるのではないか，という疑問が生じてくる。

「民主主義にとって政治的表現の自由は不可欠だ」というのが常識であるように，[3]「人を傷つけるようなことを言ってはならない」というのもまた常識である。

夏目漱石のいうように，「自分がそれ丈の個性を尊重し得るやうに，社会から許されるならば，他人に対しても其の個性を認めて，彼等の傾向を尊重するのが理の当然になつて来るでせう」[4]。

「アウシュヴィッツが二度とあってはならない」ためには，人種的憎悪の扇動を禁止することが不可欠だということは，ジェノサイド条約の発効を経て，特に，あらゆる形態の人種差別の撤廃に関する国際条約の採択，発効によって国際的コンセンサスになっている。

もはや50年近く前の，1960年代のことである。

同条約第１条第１項は次のように規定する。

「『人種差別』とは，人種，皮膚の色，世系又は民族的若しくは種族的出身に基づくあらゆる区別，排除，制限又は優先であって，政治的，経済的，社会的，文化的その他のあらゆる公的生活の分野における平等の立場での人権及び基本

的自由を認識し，享有し又は行使することを妨げ又は害する目的又は効果を有するものをいう」。

それを受けて，同条約第4条は，人種差別の扇動は「法律で処罰すべき犯罪であること」を宣言している。

日本は1995年に，同条約に加入するが，加入に際し，人種差別の扇動等を犯罪とすることを規定する同条約第4条(a)(b)に，「留保」を付している。[5)]

「規定の適用に当たり，……日本国憲法の下における集会，結社及び表現の自由その他の権利の保障と抵触しない限度において，これらの規定にもとづく義務を履行する」。

人種差別の扇動は，定義上，民族的出身にもとづくヘイト・スピーチ（憎悪表現）も含んでいるから，本章が対象とする「表現の自由とヘイト・スピーチ（憎悪表現）」の問題を考察するためには，あらゆる形態の人種差別の撤廃に関する国際条約に付された日本国の「留保」について分析する必要がある。

確かに，条約に付される「留保」というのは，「留保に係る条約の規定を留保の限度において変更する」効果を持つ（条約法に関するウィーン条約第21条第1項）。

しかし，注意しなければならないのは，条約の規定に付される「留保」は，「条約の趣旨及び目的と両立しないもの」であってはならないことである（条約法に関するウィーン条約第19条）。

従って，「日本国憲法下における……表現の自由……の保障と抵触しない限度において」という「留保」の意味は，「条約の趣旨及び目的と両立」するような枠組み内で考えられなければならない。

一方で，「日本国憲法下における表現の自由の保障」を強調する人々は，刑罰による「ヘイト・スピーチ」の規制には極めて消極的であり，他方，あらゆる形態の人種差別の撤廃に関する国際条約の「趣旨及び目的」を重視する人々は，規制は当然認められるべきであると主張してきた。[6)]

どのような道をたどれば，これらの二つの主張は，合理的に議論可能になるのだろうか。[7)]

## Ⅲ　掟の門の前で

　私は，憲法学者の石埼学氏と一緒に編集した『沈黙する人権』(法律文化社，2012年) という書物のエピローグで「人権の語り難さについて」触れ，人権は，沈黙させられる状況の中で，にもかかわらず，権力による教示によらずに，抵抗することで語り始めるしかない，という点を指摘した。その際，カフカの『審判』(辻瑆訳，岩波書店，1966年) の中に登場する「掟の門」というエピソードを紹介した。

> 「田舎から一人の男がやってきて，掟の中に入れてくれと頼んだ。しかし，門番は，今は入ることを許すわけにいかない，と言った。……掟というものは，だれにでもいつなんどきでも近づくことができるものであるべきだ，と彼は考えたが，……やはり入る許可が下りるまでまったほうがよいと決心した。門番は男に腰かけを与えて，扉のわきのところにすわらせた。男はそこに何日も何年もすわっていた。……死をまえにしたとき，彼の頭のなかでは，今まで長いあいだの経験がぜんぶあつまって，これまでまだ門番にたずねたことのない一つの問いとなった。……『みんな掟を求めているというのに，この長年のあいだわたしのほかにだれひとりとして，いれてくれといってこなかったのは，いったいどうしたわけなのでしょうか?』とおとこはいった。すでに臨終が迫っているのを見てとった門番は，消えかけている聴覚にもとどくように，大声でこうどなった。『ここはおまえ以外の人間の入れるところではなかったのだ。なぜなら，この門はただおまえだけのものと決められていたのだ。さあわしも行って，門をしめるとしよう』。」

　このエピソードは，保護を求める者に対する法の沈黙を描いている。
　『審判』の不条理の世界の中で，何で起訴されたのかまったくわからず，手続きの進行も罪名も罰条もしらされず，結局は死刑に処せられてしまう主人公ヨーゼフ・Kに対し，刑務所の教誨師である「僧」が「掟」について語っているのである。
　私は，東北大学法学部の教壇に立っていたとき憲法の講義の中で，このエピソードを紹介し，人権論を雄弁に語ることに対する警告としていた。

1995年12月末に，東北大学法学部の憲法ゼミの諸君と，日本基督教団仙台五橋教会の青年数名と一緒に，大阪市西成区にある，日本最大の日雇労働者の街釜ヶ崎のフィールドワークをしたときに，「掟の門」のエピソードは，私の前で現実のものとなった。

　釜ヶ崎のフィールドワークで私たちは，稲垣浩氏が主催する釜ヶ崎解放会館のお世話になった。市立更生相談所と西成警察署に聞き取り調査に訪れ，朝晩2回通称四角公園で行われる雑炊の炊き出しのお手伝いや，朝早く，「センター」と呼ばれる西成労働福祉センターの1階にいき，多数の手配師と，仕事を求めて集まってくる労働者の様子を見学した。

　東北大学の学生諸君が帰省し，教会の青年2名も大阪見物にでかけ，私一人が解放会館に残った。

　稲垣氏は，軽トラックに乗って，滋賀県まで，炊き出しに使うお米を取りにいった。午後2時ごろ，私は，解放会館の1階のいつも稲垣氏が生活・労働相談をする席に座ってコーヒーを飲んでいた。そのとき，左目の上が内出血で青くなり，たんこぶをつくった労働者がはいってきた。その様子に驚いた私は，稲垣氏が留守にもかかわらず，労働者の話を聞いてしまった。

　だいたい次のような話であった。

　　「夕べ飯場から戻ってきて，地下鉄を降り，ションベンガードにとおりかかったときシノギにあった。財布には飯場で働いた金が8万円以上入っていたが，顔を殴られ盗られてしまった。金は戻ってこないとは思ったが，他の労働者も同じ目にあってはと思って，その場から，太子の交差点の交番に被害届を出しに行った。交番の警察官は，話をきこうともしない。中に入ろうとしたら，帰れと，つきとばされてしまった。」

　解放会館には，留守番の高倉氏と小林氏がいたが，生活相談・労働相談は稲垣氏が一手に担当しており，留守に勝手にやることは許されていなかった。

　釜ヶ崎を全くしらない私がこのような相談をしたことは，今にして思えば，軽率を超えて無謀なことであった。

　しばらくして，釜ヶ崎で長年活動してきた南美穂子氏が，自転車を盗まれたので西成警察に被害届を出しにいったら，公安警察が出て来て「ざまあみろ」といわれた，といって解放会館に来た。

南氏と約束して，西成警察署の前で5時ごろ，一緒に被害届を出しにいくことになった。私は，西成警察署の門の前に向かった。

　私が到着したときには，南氏の他に，釜ヶ崎の越冬闘争に来ていた学生が大声で抗議していた。

　ジュラルミンの扉が閉められ，門の外に警察官が数名立っていた。中に入って被害届を出すどころではない。なによりも驚いたことは，騒ぎを聞きつけて，丁度，1日の労働から釜に帰ってきた労働者が数百名も集まってきたことであった。ナイフをだす労働者。石を警察の扉に向かって投げつける労働者。機動隊は出動するし，人はどんどん増えるし，一番前にいた私は今さら逃げるわけにもいかず，警察署の門の前で立ち尽くしていた。

## Ⅳ　小学校の門の前で：表現の自由とは何か

　翌年，1996年，私は東北大学法学部を辞職し，9月から日雇労働と炊出しのボランティアを経験したあと，1997年1月に弁護士として登録し，1998年4月からは西成法律事務所を開設し，今日に至っている。

　釜ヶ崎の労働者が，日雇労働者として生きていくためには，仕事がないときに失業給付を受けるための日雇労働被保険者手帳を持つことが不可欠である。手帳を発行してもらうためには，住民票が必要になる。

　そこで，釜ヶ崎解放会館に住民登録を行うという慣行が40年以上続けられてきた。

　簡易宿泊所から地方の飯場へ，ときには野宿を余儀なくさせられる労働者にとって，郵便物を保管してくれ，サラ金等から問い合わせの電話がかかってきても対応してくれる解放会館が，住民基本台帳法にいう住所であり，住所の定義にあたる「生活の本拠」であった。

　私は1999年7月から，月に1度，釜ヶ崎で法律相談をしてきたが，住民登録についての相談を何件も受けている。2007年までは，何の問題もなく，釜ヶ崎解放会館が「生活の本拠」であると認められ，住民登録が行われてきた。

　しかるに，2000人以上の住民票が，2007年3月29日に，不条理にも消された。

　それに対し，南美穂子氏は，「掟の門」の前で手をこまねいていなかった。

文字通り，「門番」を押しのけてなかに入ろうとしたのである。
　2010年7月11日参議院選挙の日，南美穂子氏らは，集団で西成区の萩之茶屋投票場にいった。住民票を大阪市に強制削除されても，投票の可能性があるので「選挙権をあきなめるな！」「いっしょに投票に行こう」と投票を呼びかけるために行った。
　南氏は，市民の側から憲法を守り，貧困であるゆえに住所を持たない人を選挙から排除してはいけないという趣旨で，この事実を周知し，投票を呼びかけたのである。
　笛を鳴らした人もいた。南氏は拡声器で大きな声で叫んだ。
　投票の可能性のあるできるだけ多くの人に選挙人であることを知らせるためであった。自分が投票できるかもしれないと思っている人が，勇気を持って投票場に向うことができるようにするためであった。[8]
　ところが，南氏らが投票場に着くと，西成区役所の職員20名くらいが，萩之茶屋投票場の門の所で幾重にも並んで，門をふさいでいた。そして「選挙人以外は入らないで下さい」という札を掲げていた。その横には西成署や公安の警察官が並んで勝手にカメラで市民を写したり，怒鳴ったりし，門の所をチェックしていた。また，投票所である萩之茶屋小学校体育館の西側には，機動隊の車が何台も止まっていた。
　南氏は，大阪市の職員が「選挙人以外は入らないで下さい」という札を掲げているのを見て，住民票復活の作業をやめてしまったのかと思い，投票所の門の中に入り，投票所である体育館のガラスごしに大阪市がその作業の場を作っているのか。また，その作業をしているのかを確かめようとした。
　選挙権の否定の原因となったのは，住民票の一括大量消除である。消除した張本人が選挙事務関係者として選挙管理委員会の名簿登録，調整事務を行っていた。したがって，南氏のような市民が，選挙について監視活動を行うことは，民主主義の根幹にかかわる事柄であった。

　しかし，2011年4月5日，南氏は逮捕されてしまった。
　逮捕された当時，抗癌剤治療を受けていたので，身柄拘束の身体・精神への影響が強く懸念された。接見要請があり，大阪府警本部で接見した。

私は南氏の弁護人として，検察官に意見書を提出し，勾留の取消請求，勾留理由開示請求，勾留の取消請求を却下する決定に対する抗告及び特別抗告を行ったが，いずれも却下乃至無視されてしまった。

　南氏は，身柄拘束されたまま，2011年4月26日，投票所の静穏及び秩序を維持するための投票管理者の業務を妨害したということで，威力業務妨害罪で起訴された。

　投票所において投票の拒否，仮投票，投票所の秩序の維持を行なう権限を含めて，「投票管理者は，投票に関する事務を担任する」と規定されている。そして，投票の拒否については，必ず投票立会人の意見を聞いたうえ，投票の拒否をされた者に対しては，不服があれば仮投票をさせねばならない（同法第50条）。

　このように投票管理者の事務の中心は，選挙権に基づいた投票の行使において，選挙人の確認及び投票の拒否にある。

　その事務を執行する権限に伴って，投票所に出入りし得る者について判断し（同法第58条），投票所の秩序を乱す者に対し，制止し退出（同法第60条）せしめることができるとされている。

　何よりも大事なことは，「投票の拒否」に関わる決定は，個々の選挙人について，投票立会人の意見を聞いて行なわなければならないと，公職選挙法に規定されていることである。

　なぜ大事かというと，あらかじめ，小学校の校門のところで，「投票所の秩序，静ひつを保持するため投票人等投票所に入ることができる者以外のものの入場を制限」することはできないからである。

　このような無罪が明らかな事案に対し，大阪地方裁判所第13刑事部（河原俊也裁判長）は，2012年3月28日に，南氏に懲役1年，執行猶予3年の有罪判決をくだした。

　その際判決は，南氏の表現行為を次のように，非難した。

■命題1：表現の自由と民主主義

　「表現の自由は，国の施策その他諸般の公共の関心事について各人の見解を自由に表明し，理性的討議によって事を決する民主的討議の前提として

保障されたものであるから、平穏な、社会生活上の常軌を逸脱しない相当な手段によるもののみが正当である。たとえ政治的言論であっても、法秩序を無視し、法治主義の基本理念に反するような、集団の物理力を背景にするような行為については、刑法35条により正当性を根拠付けることはないといわねばならない」。

■命題2：表現の自由と投票所
「投票所付近における投票当日の抗議、呼びかけや監視は、住民票を失った労働者以外の選挙人の自由な意思表明の機会を阻害しないよう、投票所の平穏を害しない方法で行うべき……通常のデモ行為に伴う程度の行為態様であったとしても、投票時間中の投票所周辺においては許されないというべきである」。

■命題3：表現の自由と明らかな差し迫った危険
「本件犯行場所は、同小学校の校門前であり、投票にやってきた住民らが出入りの際に通らねばならない場所であるとともに、投票所の置かれた同小学校体育館のある同小学校の敷地のすぐ外であり、同小学校敷地内に被告人らがなだれこめば、投票所内外においても混乱を生じさせる明らかに差し迫った危険が具体的に予見される場所であった」。

しかし、日本国憲法の民主主義は、命題1乃至3のような理性的討議のことをいうのであろうか。

理性的討議だからおとなしく平穏にやりなさいというのであれば、理性的討議に参加を許されない、排除された人々の市民としての尊厳はどうなるのか。

日本国憲法下の民主主義とはそのようなものではないはずである。

政府が戦争の惨禍を起こす危険なものであり、その防止のために人民が権力をコントロールすることが民主主義であるはずである。

そうだとすれば、民主主義が問題となる場面で、それが単なるスローガンになりたくなければ、戦争の惨禍に等しいものは何かがその都度発見されなければならない。

釜ヶ崎についていえば、それは取りも直さず、住民票の大量消除をおこなった権力行為、その消除行為を正当化しようとして、選挙時に、小学校校門前に、警察権力を動員したうえで禁止線を引いた権力行為である。

これが戦争の惨禍に等しい権力による暴力として措定されなければならない。
　権力からこのような暴力で打ちのめされた人民ひとりひとりは，理性的討議により選挙権の行使を行う権利自体を剥奪されている。
　叫び声を上げ，諦めず投票行動を呼びかけ，太鼓をならし，注意を喚起したり，傷害に至らないよう配慮しながら，監視のために中に入ろうとする行為は，暴力ではなく，むしろ，法秩序を維持し，法治主義を守る正当行為なのである。
　日本政府があらゆる形態の人種差別の撤廃に関する国際条約第 4 条(a)(b)に付した「留保」は，「日本国憲法下の表現の自由」というものであった。
　日本国憲法下の表現の自由を考えるとき何よりも重要なのは，民主主義と憲法第 9 条の思想的連関を明らかにすることであろう。
　これが，日本国憲法の解釈の最も重要な指針であるからである。[9]
　南美穂子氏は，控訴審第 1 回公判前に，癌が悪化して帰らぬ人となった。
　大阪高裁は彼女への公訴を棄却した。彼女の闘いが示している，民主主義に不可欠な表現の自由とは，ただこのようなものなのである。

## V　京都朝鮮第一初級の門の前で：条約の趣旨と目的とは何か

　2012 年 3 月まで，京都市南区勧進橋にあった京都朝鮮第一初級学校は，グランドがなく，京都市が管理する勧進橋公園を，地域の人々と共棲する形で使用して来た。
　事件の発端となったのは，阪神高速道路の延伸線が勧進橋公園を通るため，公園が狭くなってしまうことだった
　第一初級は，幼稚班（1 年ないし 3 年制），初級部（6 年制）からなり，学校教育法第134条にいう「各種学校」に該当する。朝鮮学校への入学の条件は，父母いずれかが朝鮮国籍又は韓国国籍であることだが，入学児童の中には，朝鮮国籍，韓国国籍のほか，父母両系主義がとられているため，日本国籍を有している児童も多数いる。
　1960年，京都市南区勧進橋に移転したが，校庭がなく，体育の授業や部活動，運動会，式典の際に，南門の道路を隔てた向いにある勧進橋公園を使用してき

た。

　勧進橋公園の管理者は京都市であるが，1963年に京都市，地元自治会との協議で，公園使用についての取り決めがなされ，平穏公然と学校の授業に使用してきた。

　しかし，2009年5月頃から高速道路の工事が着工され，公園の広さが大幅に減少したことで，近隣住民が第一初級の公園使用について，京都市に苦情を申し入れるという事態になった。

　7月ごろ，校長は，朝礼台，サッカーゴール等を2010年1月ごろまでに撤去するという方針で，公園管理者である京都市と話し合いをしていた。

　しかるに，2009年12月4日午後1時ころから約46分間，「在日特権を許さない市民の会」（以下「在特会」という。）などと名乗る11名の人々が，第一初級南門の前で，児童がすぐ近くに大勢いるにもかかわらず，拡声器を用い，怒声で，「チョチョメするぞー」などという罵詈雑言を繰り返した。

　その内容は，とても列記するに耐えないが，本章との関連でどうしても引用しなければならない次の三つの発言は，記して置く。

> 「戦争中，男手がいないところ，女の人をレイプして虐殺して奪ったのがこの土地」
> 「日本から出て行け。何が子供じゃ，こんなもん，お前，スパイの子供やないか」
> 「約束というものは人間同士がするものなんですよ。人間と朝鮮人では約束は成立しません」

　私は，在特会による襲撃の前に，上記襲撃があるのではないかという不安について，龍谷大学教授の金尚均氏から，相談を受けていた。

　金氏は，当時，第一初級に3人のお子さんを通わせていたのである。

　わすれてはならないのは，この攻撃は予告されていたことである。

　在特会は，2009年11月20日から12月2日の間，大阪及び京都で街宣活動を行っていたが，11月21日には，朝鮮総連京都本部前で，「朝鮮学校の前にある勧進橋児童公園という公園には，朝鮮学校が，無断でサッカーのゴールポスト，朝礼台を置いて，スピーカーで校内放送まで設置しているんですよ」「12月の何日か言わへんけど，徹底的に糾弾して，ゴールポストを朝鮮学校に放り

込む」と宣言し，襲撃を予告していた。

　これは後でわかったことであるが，事前に警察に通報されたり，あるいは警備体制を敷かれたりすることは避けて日時は公開しなかったものの，襲撃への参加を呼びかけるために，閲覧制限のかかったメンバーのミクシー内の日記上で，12月1日の時点で，日時，場所，襲撃対象を特定し，12月3日には，当日の段取りについて以下のように公示していたのである。

　「1　珍しく紳士的に朝鮮学校を訪問し，『公園に設置されている学校の私物を撤去してあげるので門を開けてください』と下手に出る」
　「2　★拒否された場合→多重人格者(←これ大事)のごとく変貌し，狂いだしマイク街宣を始める。」
　「3　まずは重量が軽い朝礼台を学校の前まで持って行き，『門をあけろ！』と大合唱する。」

　にもかかわらず，私は金氏に対し，「在特会が来たら知らせてください。すぐに駆けつけますから」というだけで，それ以上どうすることもできなかった。
　12月4日，在特会の襲撃を許してしまったのである。
　その日のうち，事務所に相談にこられた金氏は，私にビデオをみせてくれた。私には言葉もなかった。
　第2回，第3回の襲撃も止めることができなかった。
　第3回は，仮処分の差止め命令に違反してなされている。
　第一初級のオモニ会(母親会)，アボジ会(父親会)は，子どもを学校に通わせている親としての耐え難い苦痛，恐怖から立ち上がり，学校法人朝鮮学園が弁護士を依頼し，京都弁護士会への人権救済申立，京都府警への告訴，京都地裁への仮処分の申立及び損害賠償，接近禁止の訴訟を提起した。[10]
　その結果，京都弁護士会は在特会の襲撃を非難した会長声明をだし，刑事事件としても，在特会ら関係者4名が起訴され，侮辱罪，器物損壊罪，威力業務妨害罪でいずれも執行猶予付の懲役刑を言い渡され，既に判決は確定している。
　民事訴訟においても，仮処分において，面談強要，接近禁止命令がだされ，本訴訟においても，総額1000万円を超える慰謝料と，面談強要，接近禁止の差止め命令が認められた。
　特に，2013年10月7日の京都地裁判決において，在特会らの行為が，「差別

的意図」があきらかな，条約第1条にいう「人種差別」として認定され，損害賠償の損害額の算定において，条約第6条の「効果的な救済」を与える趣旨から，高額の慰謝料が認定されたことは注目される[11]。

しかし，刑事事件において告訴状にあった，ヘイト・スピーチ規制の現行法のかなめであるはずの名誉毀損については不起訴になっている。

担当の検察官は，告訴人弁護団に対し，「起訴状に，名誉毀損の訴因が入れば，真実性の証明についての弁護人の主張をさせる必要がでてきて，法廷が無茶苦茶になりかねない」という懸念を表明していた。

今，振り返って，在特会の攻撃目標が他にうつったとき，たとえ襲撃予告があったとしても，現行法の枠組みの中で，それをとめることができるだろうか。私は大いに疑問を感じざるを得ない。

このような見地からみた場合，現行法を活用すれば十分であるという議論があるが，私には到底説得力があるとは思えない[12]。

人種差別を助長し及び扇動する団体及び組織的宣伝活動を違法であると禁止する必要は，攻撃にさらされる立場からすれば，あまりにも当然なことなのである。

それができないのは，本当に表現の自由の観点からみて問題があるからなのだろうか[13]。

「日本国憲法下の表現の自由」からすれば，そうではない。

日本において，アウシュヴィッツに匹敵する「南京大虐殺」や「従軍慰安婦」について，戦争責任の追及も戦後責任の追及も余りに不十分であるからなのではないだろうか[14]。

歴史認識を歪める公人の発言が後を絶たない。ジェノサイドを起こさないためにヘイト・スピーチを犯罪化するのであるが，肝心のジェノサイド自体に対する国家の責任が果たされてないことに，ヘイト・スピーチ規制が困難である真の原因がある。

## VI 被害者の言葉を聴きとること

私は1993年に世に問うた，『自由とは何か――法律学における自由論の系

譜』(日本評論社)の中で、差別的表現の禁止について、懐疑論を述べた。

> 「部落差別的表現を特別に禁止するという動きがある。人に対する差別が言語の習得過程で子孫に伝達されていくことを考えるなら、この方向は効果がありそうである。しかし私には、その効果を打ち消すような大きな欠点がこの発想にはあるように思われる。なぜならその方向には、差別する側と同じ発想に立った二つの大きな欠陥があると思われるからである。第一は、思想検閲になりかねないことである。本章では何度も部落、被差別部落、同和という言葉を使ってきたが、もちろんこれはコンテクストによって差別表現になりうるだろう。ところでいったい、誰がいかなる基準で差別的表現かどうかを決定するのだろう。歴史的な使用を説く論者も多いが、差別が撤廃されない限りすべての言葉が差別的表現候補生であることは否定できない。第二は、もし差別的表現がまったく用いられない状態になったとして、差別感情はなくなるだろうか、という疑問があるということである。これに対し、次のような副次効果が生じることはほぼ間違いない。人々が以前にもまして、この部落差別問題に対して議論し合う状況を減少させることである。」

『自由とは何か』は2013年9月に復刊されたが、復刊に際して私は、「差別的表現の規制の可否……については、結論自体が変わっている」との断りを書いた。

このような変化の原因は、差別の実態についての考え方が変化したからである。

岩波書店の川上隆志氏(当時。現在は専修大学教授)に連れられて、沖浦和光氏の大阪狭山にあるご自宅を訪問したのは、1994年7月のことであった。

そのまま、新宮の別荘にご一緒させていただき、古座川に面した被差別部落を案内していただいた。子どもたちが怯えるような目つきで私たち訪問者を見ている姿に心を痛めた。

古座川の部落の側の堤防には護岸壁がなく、一隻の観光船があるだけであるのに対し、向側の堤防は立派に護岸壁があり、何隻もの漁船が係留されていた。

その対称的な姿に、差別の壁を見た思いがした。沖浦氏の著作は『自由とは何か』で引用していたが、部落差別とは何かについて、何らの経験もないまま、「もし差別的表現がまったく用いられない状態になったとして、差別感情

はなくなるだろうか」という問いを発していたのであることを，痛感した。
　本当に問われるべきであったのは，「差別感情にもとづく差別的表現によって，被害者はどのような苦しみを受けるのだろうか」であった。
　その問いの延長には，「たとえ差別感情はなくならなくても，差別的表現の規制によって，苦しみを受けている被害の再発がどの程度抑止できるのか」という問いも視野にはいってきたはずである。
　さらに，「誰がいかなる基準で差別的表現かどうかを決定するのだろう」という問いについては，答えは被害者自身であるという解答がでてくる[15]。
　このような見地からすれば，本章の問題にとって重要なのは，ヘイト・スピーチの対象となっている「従軍慰安婦」とされた女性の証言であることはいうまでもない。

> 「従軍慰安婦の問題をきちんとしなければあなたたちの子供たちが大変なことになるのよ。」[16]

これが元従軍慰安婦の女性たちが，私たちに伝えているメッセージである。
　「二度と繰り返してはならない」ということの実現に，我々の社会の存続自体がかかっているのである。
　2013年4月30日にジュネーブで行われた社会権規約委員会における日本政府第三回報告者審査の結果，5月17日に日本政府に対する最終見解が委員会から全世界に向けて発表された[17]。
　「主要な懸念事項と勧告」第26項に次のようにある。

> 「委員会は，『慰安婦』が受けてきた搾取により，彼女たちによる経済的，社会的および文化的権利の享受ならびに彼女たちの賠償請求権に対する悪影響が永続していることを懸念する（第11条第3項）。……委員会はまた，『慰安婦』にスティグマを付与するヘイト・スピーチその他の示威運動を防止するため，締約国が『慰安婦』の搾取についての公衆を教育するよう勧告する。」

あらゆる形態の人種差別の撤廃に関する国際条約第4条(c)の公人による人種差別の禁止には，「留保」はない[18]。
　まず，公人による「慰安婦」に対するヘイト・スピーチを禁止することを緊

急にやらなければならない。[19]

　これが，本章の結論である。


〔註〕
1）　アウシュヴィッツは，ポーランドのワルソーの南西160マイルに位置する小さな町である。霧の多い泥炭地であり，そこに設けられた収容所は，1940年5月1日にルドルフ・ヘスが収容所長となってから以降，親衛隊の幹部指導者アイヒマンとの共謀で，ユダヤ人の絶滅収容所と化した。
　　　1946年3月にヘスが陳述した記録によれば，ビルケナウの近くの道からはずれた所にある二つの古い建物が当初ガス室として使用された。建物は，空気が流通しないように手を加えられ，重い木の扉が取り付けられた。まず犠牲者達は，ビルケナウの引込線で下ろされ，作業に適した者はアウシュヴィッツかビルケナウの収容所に連れ去られ，ガスにかけられる者の中でも，歩ける者は引込線から1キロのところにあるガス室まで歩かされ，病人や歩けぬものは貨物自動車で運ばれた。
　　　これらの人々は，全部スノコの陰で衣類を脱がされた。扉には，「消毒室」と掲げられ，犠牲者達には蚤を取り除くための建物という印象を与えるように仕組まれていた。衣類を脱がせられた人々は，250人位づつ部屋に連れ込まれた。扉には錠が下ろされ，1，2カンの「チクロンB」が壁に特殊に造られた隙間から注ぎ込まれた。
　　　犠牲者を殺す時間は，10分以上かかることは稀であった。30分後に扉は開かれ，収容所の囚人の手で死体が除去され，穴の中で焼かれた。焼却前まず，死体から金歯と指輪が奪取され，焼くときには，薪を死体の間に積み重ね，およそ100ぐらいの穴の中に入れたところで，穴のそこにたまった脂肪は集めておいて，雨が降った際に火が消えないためにバケツでかけるのに用いられた。穴一杯の死体を焼く時間は，6，7時間かかった。人間の死体の焼ける臭いは，風が吹かないときでも収容所に充満した。
　　　穴をきれいにした後，骨を粉砕することが収容所の囚人の手で行われ，骨はセメントの床の上に置かれ，重い木槌で打ち砕かれた。それからこの残存物を貨物自動車に載せて，ビスチュラ河まで運び，河に投げ込んだ。
　　　1940年の終わりになって，新しい大焼却炉が二つ完成してからは，もっと「改善された」殺戮が行われた。
　　　以上の点については，ヴィクトール・E・フランクル（霜山徳爾訳）『夜と霧』（みすず書房，1961年）。
　　　アウシュヴィッツの絶滅収容所の構造は，本文で後に述べる韓国・朝鮮人性奴隷問題と共通の構造を持つ。
　　　それは，「殲滅の痕跡を抹消するために全力を尽くした。何ひとつあとかたを残してはならぬという，指令であった」という隠蔽構造である。
　　　ジャン＝フランソワ・リオタール（本間邦雄訳）『ハイデガーと「ユダヤ人」』（藤原書店，1992年）。
2）　テオドール・W・アドルノ（原千史・小田智敏・柿木伸之訳）『自律への教育』（中央公論新社，2011年）所収の「アウシュヴィッツ以後の教育」参照。この論稿は，アドルノがヘッセン放送で1966年4月18日に行った講演に基づいている。
3）　もっとも，毛利透氏は常識に挑戦してこういう。「表現の自由も私的な自由である。では，

なぜこの表現活動が民主政において不可欠なのだろうか。なぜ各個人の勝手な発言が，国民の意思形成に貢献する『市民』としての『自由』の行使とみなされる必要があるのだろうか」。同『表現の自由——その公共性ともろさについて』(岩波書店，2008年)

4)　小森陽一『ことばの力　平和の力——近代日本文学と日本国憲法』(かもがわ出版，2006年)。日本近代文学を専門とする小森氏は，漱石晩年において，学習院の教師，学生に対し行われた講演「私の個人主義」の中のこのことばは，「自己」と「他者」の根源的平等を示す点で重要であり，日本国憲法第13条の「すべて国民は，個人として尊重される」という条文につながると指摘している。

5)　条約第4条(a)は，「人種的優越又は憎悪に基づく思想のあらゆる流布，人種差別の扇動，いかなる人種若しくは種族的出身を異にする人の集団に対するものであるかを問わずすべての暴力行為又はその行為の扇動及び人種主義に基づく活動に対する資金援助を含むいかなる援助の提供も，法律で処罰すべき犯罪であることを宣言すること」と規定し，同条(b)は，「人種差別を助長し及び扇動する団体及び組織的宣伝活動その他のすべての宣伝活動を違法であるとして禁止するものとし，このような団体又は活動への参加が法律で処罰すべき犯罪であることを認めること」と規定し，これらのことを締約国の義務としたのである。

6)　「ヘイト・スピーチ」規制に消極的な立場として，たとえば本文で後に取り上げる，筆者自身の著作『自由とは何か』(日本評論社，1993年)がある。「ヘイト・スピーチ」規制の積極論として，師岡康子『ヘイト・スピーチとは何か』(岩波新書，2013年)がある。

7)　この点，浩瀚な文献が存在するが，表現の自由を扇動罪との関係でどう擁護するかについて，実践の中で考え抜いたアメリカ合衆国最高裁判所のホームズ裁判官及びブランダイス裁判官の「反対意見」が参照されるべきであろう。

　　「明白かつ現在の危険のテスト」が初めて表現の自由の擁護に使われたのは，第一次世界大戦中に，ロシア革命に対するアメリカの介入に反対するビラを撒いたAbramsらのユダヤ系ロシア人の無罪を主張する文脈であった。ビラの内容の中に，「対独戦争の遂行に不可欠なものの生産の削減」という文言があっても，ビラを作成する「意図」が，「特定の行為に対する近接した動機」でなければ，表現行為は擁護されるべきだという。その際「反対意見」が，次のような定式化をしたことが本章との関係で重要である。

　　It is only the present danger of immediate evil or intent to bring it about that warrants Congress in setting a limit to the expression of opinion where private rights are not concerned.(意見の表明に対し連邦議会が設ける制限が正当化されるのは，近接した未来に害悪がおこりうる現在の危険が存在するか，そのような事態を引き起こす意図がある場合に限られる。市民の権利が問題になってない場合には) Abramsv. United States, 250U. S616, at 627-628.

　　表現の自由は，戦争中に行われる行為の危険という状況の評価の問題と，行為者の「意図」の刑事法的評価に大きく依存するという点が従来強調されてきたが，そこでは，「市民の権利が問題になっていない場合」という留保がつけられていたことが留意さるべきである。

　　なお，「明白かつ現在の危険」については，*The Legacy of Holmes and Brandeis-A Study in the Influence of Ideas*, The Macmillan Company, 1967. と樋口範雄『アメリカ憲法』(弘文堂，2011年) 341頁以下を参照。

8)　当日，大阪府警が撮影し，検察官が刑事裁判に証拠として提出したビデオには，南氏の次のような発言が記録されている。

　　「大阪市に住民票を奪われたことを抗議したい方はどんどん中へ入りましょう。萩之茶屋投票所の権利のある方，おりますか，誰か」。

「我々の選挙権を返せ，投票できる人は中に入りましょう」。
　　「私たちは，今，投票に来ています。投票を，責任を持つ大阪市は逆に妨害しています。釜ヶ崎の労働者が政治的に権利を貰ったらいかんのか」。
　　「今，憲法で保障された権利を行使しに来ました。大阪市は労働者な，大阪市は3年間何やってたんですか」。
　　「誰に何と言われても，日本国憲法に保障された選挙権を行使します。これは，最高法規で保障されたことであって，チョロこい西成署に妨害される覚えはありません。皆さん投票所に投票できる人は投票しましょう。出来ない人は，紙を持ってきてください」。
9) この点についての詳細な考察は，遠藤比呂通「憲法と立憲主義の相克」『高橋和之先生古希記念　現代立憲主義の諸相　上』(有斐閣，2013年)。
10) 「掟の門」に対して立ち上がる前の，オモニ，アボジのの葛藤については，中村一成『ルポ・京都朝鮮第一初級学校襲撃事件──ヘイトクライムに抗して』(岩波書店，2014年)を参照。
11) ブラジル人の宝石店への入店拒否を不法行為として認定し，金150万円の賠償請求を認めた1999年10月12日静岡地裁浜松支部判決(確定)について，国際人権法の阿部浩己氏は次のように指摘していた。「本判決では，被告のどの行為が条約の禁止する『人種差別』にあたるかについてとくに認定されていない。人種差別撤廃条約の趣旨を民法の関連条項の中に読み込むだけでよいと判断されたのかもしれないが，形式論理的に言えば，条約が禁止しているのは人種差別であって外国人差別ではない」。この点からも，京都地裁判決は画期的である。阿部浩己『国際人権の地平』(現代人文社，2003年)。なお，京都地裁判決の上記認定は，控訴審判決においても維持されている。「本件示威活動における発言は，その内容に照らして，専ら在日朝鮮人を我が国から排斥し，日本人や他の外国人と平等の立場で人権及び基本的自由を享有することを妨害しようとするものであって，日本国籍の有無による区別ではなく，民族的出身に基づく区別又は排除であり，人種差別撤廃条約1条1項にいう「人種差別」に該当するといわなければならない」。大阪高裁第12民事部2014年7月8日判決。
12) たとえば，毛利透氏は最近つぎのような意見を表明している。「現存の法律でも，個人の法益が侵害されたり，特定の学校運営が害されるのであれば訴訟を起こせる。先の京都地裁判決も，個別の損害を認定した上でヘイトスピーチによる害悪の重大さを指摘したものだ。名誉毀損ならば刑事罰もある」。毛利透「権力の発動は最小限に」京都新聞2014年2月15日。
13) この点，表現の自由についての憲法論を常にリードしてきた奥平安弘氏の次の二つの指摘が重要であろう。
　　「表現の自由は確かに主観的，個人的性質の顕著な権利である。それに疑いをさしはさむ余地はない。けれども，この権利は──少なくともある種の行使において──他の基本的な諸自由を確保し，よき民主主義的秩序を維持するという，客観的な制度的な目的に仕えるものでるという面も見逃すことはできない。表現の自由には，こうした道具的な価値も具わっている点で，他の基本的諸自由と性格を明らかに異にする」『なぜ「表現の自由」か』(東京大学出版会，1988年)59頁。
　　「集会・表現の自由はだれにでも──ネオ・ナチにも──与えられねばならない。ただ，その結果，社会や他人に対して明白に現存する危険をもたらす等の実質的害悪をもたらしてはならないという条件があるにはある。しかし，『スコーキー』事件では，従来的な意味で，『実質的害悪』が発生するとは，見えにくかった。裁判所としては，でも行進者らの政治思想が反民主的・人種差別的で不人気かつ偏向的という理由だけでは，デモ行進不許可を支持するわけにはいかなかったのである。そういうものとして，『スコーキー』事件は，

落ち着くところに落ち着いたと感ぜられ，大綱としては，それが『アメリカ的なるもの』として受容されたと言える。そのかぎりで，アメリカ自由人権協会もある種の面目を保ち得たのである（ただし，ネオ・ナチの連中にとっては，勝訴は彼らだけのほんの一時の仇花でしかなかった。ますます軽蔑され不人気となり，まもなく組織は解体した）」『「表現の自由」を求めて』（岩波書店，1999年）315-316頁。

　この指摘が重要なのは，よき民主主義社会の秩序の維持のための表現の自由論という，ヘイト・スピーチの規制消極論の最大の論拠が，在特会らが，朝鮮学校だけでなく，大阪の生野や，東京の新大久保など，在日韓国・朝鮮人が多数居住し，生活している場所で行っているデモにより耐え難い人間の尊厳の侵害が行われている事実を前にすれば，奥平氏の実際の立場はともかく，規制積極論の論拠に転換しうることを示唆するからである。

14)　この点，註12）で引用した現行法の活用で十分とする趣旨の毛利氏の発言が，つぎのような認識に基づいていることに留意する必要があろう。「欧州ではヘイトスピーチを法律で規制している。ある人種を殺せといっても，本当に殺される可能性が低ければいいが，かつてユダヤ人が何百万も殺された現実がある。民族虐殺を2度と起こしてはいけないという強い意識があり，言論の段階から国家が介入してでも規制すべきだとする社会評価が背景にある。日本では，そこまでの危機感はないのではないか」。

15)　『自由とは何か』において，ヘイト・スピーチ規制消極論を展開した際，議論の素材としたのは，NHK政権放送削除事件についての，最高裁判所1990年4月17日判決（民集44巻3号547頁）であった（同書77頁以下）。しかし，同事案は，性的マイノリティーの主張のために，身体障害にかかる差別表現を自分に対する侮辱として使われた経験を語る部分が削除されたというものであり，ヘイト・スピーチの例として適切な例ではなかったと言わざるをえない。

16)　私は，ソウルで韓国人女性から，ジュネーブでオランダ人女性から，このメッセージを直接いただいた。元従軍慰安婦として性奴隷とされた人の証言をもとにその軌跡を追った文献として，たとえば，西岡瑠美子『戦場の「慰安婦」――拉孟全滅戦を生き延びた朴永心の軌跡』（明石書店，2003年）。

17)　関本克良「日本軍性奴隷問題とヘイトスピーチ，そして教育の必要性」人権と生活37号（2013年）。

18)　条約第4条(c)は「国又は地方の公の当局又は機関が人種差別を助長し又は扇動することを認めないこと」と規定する。

19)　この点についての具体的提案として，前掲註6）師岡文献参照。

第 5 章

# 表現の自由の限界

小谷 順子

## I　表現の自由の限界とは

■憲法21条の保障する「表現」とは何か

　ヘイト・スピーチ規制は，日本国憲法21条に規定された「表現の自由」の保障に違反するのだろうか。この疑問に答えるためには，そもそも憲法21条の保障する「表現の自由」がどのようなものであるのかを理解する必要がある。ここでは，①ヘイト・スピーチは憲法21条にいう「表現」に該当するのか，②ヘイト・スピーチが「表現」に該当する場合に，その規制を正当化することは可能かという点を中心に，以下みていきたい。

　憲法21条 1 項は，「集会，結社及び言論，出版その他一切の表現の自由」を保障する。「その他一切の表現の自由」という文言からも明らかなとおり，同条の保障は，集会，結社，演説，印刷物（新聞，雑誌，書籍，ビラ，その他），インターネット，テレビ，およびラジオ等による表現に及ぶのみならず，映画，写真，絵画，演劇，および音楽などのあらゆる態様の表現，さらには思想や意見を伝えるための行為を含む象徴的表現にも及ぶものと解されている[1]。本章では，以下，憲法21条の保障対象となる表現物および表現行為をまとめて原則的に「表現」と記す。

　ところで，憲法21条の存在にもかかわらず，現実には，表現を制約する法制度は数多く存在する。たとえば，露骨な性表現（わいせつ表現）や脅迫表現は刑法で禁じられているし，プライバシー侵害や名誉毀損の表現は不法行為として損害賠償や表現発信差止めの対象となりうる。街頭でのデモの実施は時間帯や場所の面で制約をうけるし，商品やサービスなどの広告内容，ＴＶ番組の放送内容などもさまざまな制約をうける。これらの表現規制は，違憲性を指摘され

てきたものもあるが，長年にわたって存在している。

　それでは，わいせつや名誉毀損などのように社会や他者にとって有害なメッセージを発信する表現や，街頭デモなどのように表現としての要素よりも行為としての要素の方が強い表現については，憲法21条の保障する「表現」には該当しないがゆえに規制が許されると解すべきなのか。それとも，これらの表現についても憲法21条の「表現」には該当すると考えたうえで，何らかの理由で例外的に規制が正当化されると理解すべきなのか。

　この点につき，かつて，わいせつ，脅迫，名誉毀損，および違法行為の扇動といった表現については，古くから刑事規制の対象として定着していることもあり，憲法21条にいう「表現」に含まれないという前提に立って，表現の自由の保障外に位置づけられるがゆえに規制しても憲法21条違反の問題は生じないと理解した時期もあった[2]。しかし，現在では，これらの表現も一応は憲法21条にいう「表現」に含まれることを前提として慎重に検討すべきだという見解が有力である[3]。そのうえで，これらの表現については，政治的表現と比べると価値が低いがゆえに規制が許されると説いたり，規制を正当化する利益が表現の自由の保障利益を上まわるがゆえに規制が許されると説いたりする[4]。さらに，たとえば国政批判の意思を表明するために国旗を焼却する表現行為のように，純粋な表現というよりも行為としての要素の強いものについても，単純に行為としてとらえるのではなく，そこに存する表現としての要素に着目して「表現」としてとらえたうえで規制の合憲性を検討すべきであるとする説が有力である[5]。

　つまり，現在の憲法学では，憲法21条の「表現」をあらかじめ幅広く設定しておき，メッセージ性ないし表現的要素を有する幅広い範囲の言動を原則的にいったん憲法21条にいう「表現」として位置づけたうえで，そのような「表現」に対する規制が正当化されるのか否かを検討すべきであるという考え方が優勢であると言える。

■憲法21条の下でのヘイト・スピーチ規制の考え方

　このような考え方に立つと，ヘイト・スピーチ規制の合憲性について検討する際も，まずは，すべてのヘイト・スピーチについて，その内容，形態，およ

第5章　表現の自由の限界　75

び場面等を問わず，いったんは憲法21条にいう「表現」に該当するものと想定したうえで検討を開始することが必要となる。そのうえで，表現のメッセージ内容の有害性や規制可能な行為要素の強さに着目して，規制を正当化する理論を構築することが求められる。こうした合憲性の確認作業は，規制の導入の可否を議論する過程において憲法学界やメディアなど社会のさまざまな場面で行われるほか，国会への法案提出および国会での法案審議の過程において国会および政府によって行われたうえで，法案の成立後は，当該法律の適用事例に関して裁判所における合憲性審査という形でも行われることになる。

ところで，表現規制にはさまざまな態様のものがあり，これを刑事規制，民事規制，行政規制というように分類することも可能であるし，表現の内容を理由とした規制（表現内容規制）と表現の内容とは無関係な規制（表現内容中立規制）という分類も可能である。以下，便宜上，表現内容規制と表現内容中立規制とに分類したうえで，前者から順にみていく。

## II 表現内容による限界：表現内容規制

■表現内容規制とは

ヘイト・スピーチについても，わいせつ表現や犯罪扇動表現のように，価値の低い表現として，または規制を正当化する利益が表現の自由の保障利益を上まわるものであるとして，これを規制することが可能なのだろうか。実は，ヘイト・スピーチの規制を正当化しようとすると，さまざまな障壁にぶつかる。このことは次のように説明できる。

これまでの憲法学においては，民主主義社会における表現の自由の保障の重要性をふまえ，表現の自由は最大限に保障されるべきであると唱えられてきた。そして，とくに表現内容を理由とする規制については，政府による恣意的な規制につながるおそれが高いゆえに避けられるべきであると主張されてきた。

ここでいうおそれとは，①政府にとって不都合・不愉快な題材や視点の表現を排除するために規制立法が設けられるおそれ（恣意的な立法のおそれ），②適切な意図で設けられた立法であっても実際の運用において政府に不都合な表現のみに適用されてしまうおそれ（恣意的な運用のおそれ），③新たな表現内容規制立

法が成立することによって表現内容規制の立法化のハードルが下がって表現内容規制立法が乱発するおそれ（規制乱発のおそれ）である。

　このようなおそれを回避すべく，有力な学説では，表現内容規制に関して，従前から存在していた表現内容規制（わいせつ表現，脅迫表現，名誉毀損表現，犯罪扇動表現等の規制）をのぞき，その合憲性については厳しい審査を求めてきた。そして，いわゆる「二重の基準論」（表現の自由を含む精神的自由は経済的自由よりも優越的地位にあるがゆえに前者の規制の合憲性の審査に際してはより厳格な基準を用いるべきであるとする見解）の立場からは，表現内容規制に関しては，厳格な審査基準を適用したうえで，必要最小限の規制であること，明確な文言であること，および過度に広汎でないことなども審査すべきであると唱えてきた。[6]さらに，有力な学説では，従前からのわいせつ表現等の表現内容規制についても，その合憲性を単純な「公共の福祉」論や利益衡量論で正当化しようとする判例を批判し，規制の正当化について真剣に検討すべきであると主張してきた。このような学説の流れに沿ってヘイト・スピーチ規制の合憲性について考えるのであれば，たとえヘイト・スピーチの害悪（第3章・第7章参照）の深刻さを認識したとしても，表現内容規制の典型であるヘイト・スピーチ規制を新たに設けるためには，今述べたような審査をクリアする必要が生じる。

　表現内容規制に対するこのような学説状況を念頭におきつつ，以下，既存の法制度を用いてヘイト・スピーチを規制する手法を中心に，憲法21条の下でどのような表現行為についてその自由が保障され，また，どのような表現行為についてその規制が許容されるのかをみていきたい。なお，ここでも引き続き，便宜上，表現内容規制と表現内容中立規制という区分を用いるが，両者の区分は困難であるとの有力な指摘がなされていることをふまえ，当該区分では分類が困難なＴＶ放送や集団行動の規制については，後のⅢで別途概観する。以下，まず，表現内容規制について，刑事法規制，民事法規制，人権法規制に分けてみていく。

■刑事法による表現内容規制
　表現に対する刑事，民事，および行政規制のなかで表現の自由の制約の度合いが最も強いのは，違反表現を発信した者に対して国家が刑罰を科すという刑

事法規制である。現行刑事法では，わいせつ表現（刑法175条），脅迫表現（刑法222条），名誉毀損表現（刑法230条），侮辱表現（刑法231条），特定の違法行為の扇動（内乱・外患の扇動（破壊活動防止法38条），政治目的のための放火・騒乱・往来危険の扇動（破壊活動防止法39条・40条），税不納の扇動（国税犯則取締法22条，地方税法21条），国家秘密の取得・漏洩の扇動（特定秘密の保護に関する法律25条，日米相互防衛援助協定等に伴う秘密保護法5条）等の表現が刑事罰の対象とされており，これらはいずれも，表現内容に基づく規制の典型例でもある。

　ヘイト・スピーチに関しても，既存の刑事法による表現規制の構成要件に該当する場合には刑事罰が科されうる。日本国政府によると，ヘイト・スピーチのうち，特定の個人や団体の名誉や信用を害する表現は，刑法の名誉毀損罪（230条），侮辱罪（231条）または信用毀損・業務妨害罪（233条）の対象となり，特定個人に対する脅迫表現は，刑法の脅迫罪（222条）等の対象となると説明される[7]。もっとも，これらの規定は，いずれもその構成要件上，不特定多数で構成される人種的集団全体に向けられた表現には原則的に適用されない。

　そこで，人種的集団全体に向けられたヘイト・スピーチを規制するための刑事法規定を新たに設けるべきであると唱えられている（第Ⅲ部参照）。このように新規でヘイト・スピーチの刑事規制を設けるという手段を採用した場合，単に一定のヘイト・スピーチが規制されるという結果がもたらされるだけでなく，ヘイト・スピーチに対して刑罰をもって制するという国家の厳しい姿勢が社会に対して広く示されることになるという効果も生まれる。しかし，従来，国家が特定の表現を社会から排除することをめざして当該表現の発信行為を罰する規定を設けるという刑事法上の表現内容規制は，表現の自由に対する最大の脅威であると考えられてきたことから，その規制が正当化されうるのかについては慎重に検討する必要がある（第6章参照）。

■ 民事法による表現内容規制

　表現行為に対する刑事規制と比較すると，民事制裁は，あくまでも表現発信者と被害者とのあいだでの私人間の問題であって，被害者が主体的に法廷の場における損害回復を求めたときに初めて裁判所が介入したうえで私人間における紛争の解決を図るという構造をもつ点において，国家と被疑者・被告人とが

対峙する刑事法体系とは根本的に性格が異なる。さらに，民事訴訟においては，表現発信が原因となった法的損害の発生が認められた場合でも，一般には，金銭による損害賠償の支払いを命じられるといった形の制約をうける程度にとどまり（民法722条・417条），将来的な損害発生のおそれが認められる場合に将来的な表現発信の差止めを命じる仮処分が下されるケースも一部にみられるが（民事保全法24条），いずれも国家権力による最も強い自由の制約である刑事罰とは根本的に異なる。

　ヘイト・スピーチに関しても，既存の名誉やプライバシーの権利の概念に合致するものに関しては，不法行為として構成して損害賠償請求が認められる可能性があり，京都朝鮮学校事件をめぐる2013年の京都地裁判決はこれに該当する。しかし，同判決でも明示されたとおり，現行法制度の下では，不特定多数の人々で構成される人種的集団全体に対する攻撃発言を不法行為とみなしたうえで当該集団に属する個人に損害賠償請求を認める余地はほとんどなく，こうした発言をそれ単独で不法行為として構成することは困難である。そこで，アメリカでは，人種的集団全体に対するヘイト・スピーチについても不法行為の成立を認めうるとする見解が唱えられているが，個人の感情を害することを理由とした不法行為の成立を否定する見解が優勢である。

■ 人権法による表現内容規制

　人権法による差別行為規制の一環としてヘイト・スピーチを規制している国家もある。一般に，人権法の下では，人権侵害となる差別行為が法律上に列挙されており，これに違反したとされる行為について，政府からの独立を確保された人権委員会等の国家機関にて審理を行い，違反が認定された場合に被害者に対する救済策が講じられるという構造をもつ。人権法体系は違反者の処罰ではなく被害者の救済を目的としている点において，表現の自由への制約ないし萎縮「効果を軽減させる側面がある。しかし，規制文言の明確性や厳格な構成要件の充足が求められる刑事法体系に対し，人権法体系の下では，人権侵害となる行為を幅広く網羅的に規定して規制対象とすることが一般的である点において，表現規制も幅広くなる傾向がある。また，刑事司法過程であれば被疑者および被告人の適正手続を保障するための諸制度が存在するのに対し，人権法

体系においては必ずしもそうではないのが一般的である点において，適正手続の保障に不安が残る。このように，人権法によるヘイト・スピーチ規制については，表現発信者の権利の保護が万全ではない制度のなかで幅広い表現が規制対象となる点に留意が必要である。

## III 「行為」規制と集団行動の規制

### ■「行為」の規制

　本章のIにおいて，メッセージ性を有する言動については原則的にすべて「表現」であるとみなしたうえでその規制の合憲性を審査すべきであると述べたが，このことは，メッセージ性を有する言動であればすべて自動的に「表現」とみなされて，それに対する規制については合憲性の推定が解除されるということではない。たとえメッセージ性を有する言動に対する規制であっても，当該規制が表現規制としての厳しい審査にさらされないこともある。第一に，前述のとおり，純粋な「表現」であっても，脅迫や名誉毀損の表現については，刑法に基づく訴追の対象となるし，検察も裁判所も刑法規定自体が合憲であることを前提として対処する。なお，刑事法学では，脅迫罪や名誉毀損罪の対象となる言論活動を他の規定の対象と同様に「行為」と称しているが，本章においては，憲法21条の「表現の自由」との関係を論じる都合上，そうした刑事法学上の用法にこだわらず，表現要素を有するものは「表現」と記すことに留意されたい。

　第二に，表現要素を含む言動が「行為」の規制を主眼に置いた規制の対象となって，かつ，その規制目的が当該言動の「表現」要素の抑圧とは無関係であることが明らかである場合である[13]。たとえば，ある政党の政策に対する批判を表明するために同党の党首を殺害した場合，この暗殺行為には政策批判というメッセージ性ないし表現要素が存在するが，これに対して殺人罪（刑法199条）が適用されたとしても，あくまでも殺人という行為に対する適用であるし，かつ，殺人罪の立法目的が政党批判メッセージの抑圧とは無関係であることは明らかである。このようなケースでは，公判において殺人罪の文言および適用が憲法21条に違反すると判断される事態は想定しがたい。また，たとえば他人の

家屋の外壁に油性ペンキで政権批判のメッセージを描いた行為に対して器物損壊罪（刑法261条）が適用された場合も，当該規定の適用は器物損壊行為に対するものであるし，かつ，器物損壊罪の本来の立法目的が政権批判メッセージの抑圧とは無関係であることは明らかであるがゆえに，仮に行為者が表現の自由の重要性に基づく免責を求めたとしても器物損壊罪の成立が否定される可能性は低い。[14]

このような文脈でヘイト・スピーチの規制について考えると，現行法で犯罪として規定される物理的行為（例：殺人，暴行等）が人種的な憎悪や偏見のメッセージを伝達する目的でなされた場合に，表現の自由の保障を理由とした免責が認められる見込みはほぼない。また，ヘイト・スピーチに付随する物理的行為が器物損壊等の現行刑事法規定に違反した場合についても，表現の自由の保障を理由とした免責が認められる余地は小さいと考えられる。

なお，私人間における差別「行為」に関しては，現在，これを一般的に禁じる立法はないが，職場における差別については，労働基準法で使用者が労働者の国籍，信条，社会的身分および性別を理由として差別的取扱をすることを禁止する（同法3条・4条等）。同法の下では，言論を含む一連の行動が差別的取扱として認定される場合もありうるが，職場内という特殊な環境における差別的「取扱い」（行為）の禁止を目的とした規定の適用範囲に差別的「表現」が取り込まれているにすぎないのであれば，許容されることになる。[15] なお，憲法21条の保障をうけない「行為」の規制と保障をうける「表現」の規制との境界線がきわめて曖昧であることをふまえると，仮に人種差別禁止法を導入して，そのなかで表現を含む差別行為全般を規制した場合，形式上は行為規制でありながらも表現規制の実態をもつこととなる可能性もある点に留意が必要である。[16]

■ 集団行動（デモ等）の規制

集団行動（デモ等）も憲法21条の保障をうけるものであるが，道路や公園を利用する集団行動については，現在，道路交通法や自治体の公安条例に基づく許可制度が設けられている。集団行動は，文書や口頭による純粋な表現活動とは異なり，多数の人間の行動によって成立するものであるため，道路交通整理等のための制約に服さざるを得ない側面がある。しかし，本来，集団行動は，効

果的な意見伝達手段をもたない一般市民が自己の意見を世間に知らしめる手法として，民主主義の歴史のなかで非常に重要な役割を果たしてきた表現手法であることから，その自由の制約は必要不可欠かつ必要最小限のものでなければならないと考えられている。[17] そこで，集団行動については，道路交通整理等のための制約に服さざるを得ない場合をのぞき原則的に自由を保障すべきであると主張され，許可制ではなく届出制とすべきであるという見解も広く支持されている。[18]

　このような学説に沿って考えると，ヘイト・スピーチを発信するデモに関しても，発信されるメッセージ内容を理由として不許可とすることは許されないことになる。そして，表現内容に中立な時・場所・手段に関する条件を付したうえで許可を行う場合でも，その実質が表現のメッセージ内容を理由としているのであれば，その合憲性は厳格に審査される必要がある。たとえば，特定の人種的属性を有する人々の多数居住する地域において当該人種集団に対するヘイト・スピーチを発信するデモを実施するための申請がなされた場合に，当該人種人口の少ない別の場所での実施を条件とする許可を行うことは，実質的には表現内容規制となるゆえに，そのような許可条件が合憲であるかどうかは慎重に見極める必要がある。

　もっとも，ターゲット集団の居住する地域におけるヘイト・スピーチ・デモについては，その特殊性ゆえにこのような許可条件を許容するという考え方も成立しうる。つまり，インターネット上のヘイト・スピーチや大規模公園におけるヘイト・スピーチ・デモとは異なり，ターゲット集団の多く居住する地域に出向いてなされるヘイト・スピーチ・デモは，たとえ特定個人ではなく集団全体に向けられたものであっても，当該地域のターゲット集団の公的および私的な生活に重大な影響を与えうるという点を重視するのである。

　この点に関連して，アメリカ連邦最高裁は，多くのホロコースト生還ユダヤ人の居住する村でネオナチ集団がナチスの制服を着用して鉤十字を掲げたデモの実施を計画したことが発端となって提起された複数の表現の自由を争点とした訴訟事件において，裁量上訴を受理せず，連邦最高裁としての具体的な判断論理を示さなかった。原審がいずれも表現の自由を優先させる判断であったことをふまえると，裁量上訴を受理しなかった連邦最高裁の姿勢は，当該デモが

表現の自由の保障をうける行為であることを前提としていたものと言える。[19]

　また，デモによるメッセージがその受信者に与える影響を考慮して規制を認めた場合に，そうした先例を設けることによって生じうる弊害にも留意する必要がある。たとえば，日本において，今述べたアメリカのネオナチ・デモの例に類似するヘイト・スピーチ・デモの実施に条件を付すことを認めるのであれば，たとえば皇居前広場における天皇制反対デモの許可申請，電力会社の本社前の道路における原発廃止デモの許可申請，または女性蔑視の伝統的祭事を行う集落内の道路における祭事反対デモの許可申請に関して，デモの実施場所の変更を条件とすることも認めるべきであるという議論につながりやすいことに留意が必要である。[20]

## Ⅳ　媒体の特性による限界

### ■テレビ放送の法規制と自主規制

　ＴＶ放送に関しては，その媒体としての特殊性ゆえに，放送法による広範な規制をうける。番組放送に関しては，公安および善良な風俗を害する内容が禁止されるとともに，政治的な公平性や多角的な視点の紹介が要求されるなど，放送内容全般に関して規制が課されている（放送法4条等）。このような規制は，従来，地上波放送の電波の希少性や動画放送であるテレビ放送の強大な影響力を理由に正当化されてきたが，放送手段の多様化や地上デジタル放送の開始によって電波の希少性の問題がほぼ解消し，インターネット等の動画メディアの拡充によってテレビ放送固有の影響力が減少している今日では，規制根拠が消滅したとして規制の合憲性に疑義を唱える声もある。[21] しかし，新聞を補完するバランスメディアの存在必要性という観点からＴＶ放送規制を正当化する説も有力である。[22]

　放送法にはヘイト・スピーチに関する規制はないが，民放放送およびＮＨＫでは放送に関する自主規制を設けており，そのなかでヘイト・スピーチの自主規制に該当する項目が設けられている。日本民間放送連盟の放送基準では，「人種・民族・国民に関することを取り扱う時は，その感情を尊重しなければならない」と規定するとともに，宗教に関して，「他宗・他派を中傷，ひぼう

する言動は取り扱わない」と規定する。一方，日本放送協会番組基準では，「人種的，民族的偏見を持たせるような放送はしない」と規定している。[23] このように，ＴＶ放送においては人種集団全体をターゲットにしたヘイト・スピーチを含めて，自主的な統制を行っている。

■ 自由な新聞・雑誌
　なお，新聞・雑誌については，なんらの法規制も存在しないがゆえに，仮に新聞紙上でヘイト・スピーチに掲載されたとしても，すでに述べた通常の刑事法や民事法が適用されうるにとどまる。もっとも，出版社によっては倫理規定等に基づいた自主規制をしている場合もある。[24]

## Ⅴ　表現の自由の保障意義（重要性，価値）に照らした限界

　本章では，表現内容に基づく規制，内容とは無関係な規制，および媒体の特性による規制についてみてきたが，最後に，表現の自由の保障意義（重要性，価値（第4章参照））に照らした限界に言及しておく。ここでは，保障意義として，①民主主義過程論（自己統治），②個人的価値の重要性論（自己実現），③「真実の発見」論（ミルの自由論）および「思想の自由市場」論（ホームズ判事）に着目して，それぞれの限界に言及する。

■ 民主主義過程（自己統治）論とその限界
　民主主義を健全な形で維持するためには，政治的な意思決定に必要な多様な情報が常に社会の草の根レベルから国会の議論に至るまでのすべての過程に流通している必要があると同時に，すべての人々が自己の意見を発表できる自由が保障されている必要がある。[25]この過程では，大多数または一部の人々にとって好ましくない意見であったとしても，すべての意見が流通過程に乗ることができることが重要視される。この観点から，一定の人々にとって有害とされるヘイト・スピーチであったとしても，これを規制することは許されないという主張が導き出される。
　これに対して，民主主義過程論をより詳しく掘り下げて考えてみると，すべ

ての人々が政治に参加することが前提となる民主主義の維持促進のためには，特定の人々のみならず，すべての人々が自由に意見を発表できる環境が整えられていて，かつ，実際にすべての人々の自由な意見が社会に流通している必要があるという議論であると言うこともできる。このような理解に立ち，一部の人々の社会参加を否定するヘイト・スピーチについては規制しうるという結論を導くことも可能となる[26]。とくに，多元主義に立つ民主制国家においては，健全な多元化民主主義過程の実現または民主主義過程における多元主義の実現のためにヘイト・スピーチを規制することも可能であると説明されることになる。

■ 個人的価値（自己実現）論とその限界

個人の自律ないし尊厳に最大の敬意を払うべきであるとする民主主義国家においては，個人の自律や尊厳に直結した思想や見解を他者に向けて発信する自由はきわめて重要である[27]。この観点から，ヘイト・スピーチについても発信の自由を保障すべきであると考えることになる。

これに対して，ヘイト・スピーチがその衝撃的なメッセージによって表現受信者（被害者）の尊厳や自律的な活動の自由を抑制する効果をもたらすことをふまえると，表現発信者の自己実現のみを保障するのではなく，これに対応するところの表現受信者という特定個人（または集団）の自己実現も重視すべきであるという主張がなされる[28]。そのうえで，とくに，特定の相手に直接向けて発信されたヘイト・スピーチに関しては，表現の発信者の自己実現の保障を絶対視すべきではないと主張される。

■ 真実の発見／思想の自由市場論の重要性とその限界

ミルの自由論に起源をもつ「真実の発見」論によると，多様な意見・思想を発信する自由を保障することによって，それまでの常識や価値観にとらわれない多様な意見や思想が人々のあいだに広がることが可能となり，過去の誤った常識や価値観が次第に覆されて，なにが真実であるのかが明らかになっていくという点に表現の自由の保障意義があるという[29]。この観点からは，暴力の扇動をのぞき，いかに同時代の人々に忌み嫌われる言論であろうともすべての言論に自由を与えて議論を交すことを通して真実を発見していくべきだと説かれる

ことになる。

　これと類似する議論として，アメリカの連邦最高裁のホームズ判事の打ち出した「思想の自由市場」論は，多様な意見や思想を発信する自由が確保されることによって，「思想市場」に多様な意見・思想が流通することとなり，こうした多様な意見・思想が「思想市場」において競争状態におかれることによって，最終的に「最も良い意見・思想」が勝ち残ることになるという点に表現の自由の保障意義を見出す。[30] この議論でも，明白かつ現在の危険がある場合をのぞき，思想の自由市場を保障することが必須であるとされる。

　このように，「真実の発見」論や「思想の自由市場」論の下では，暴力の扇動に該当しない場合や明白かつ現在の危険の発生しない場合は，ヘイト・スピーチを規制できないと考えることとなる。そして，ヘイト・スピーチを排除したいのであれば，規制という形ではなく，ヘイト・スピーチに対抗する意見（「対抗言論」）を社会ないし市場に送り出して流通させるという形でヘイト・スピーチに打ち勝っていくことが求められる。しかし，ヘイト・スピーチの衝撃的かつ威圧的なメッセージ性ゆえに，被害者や一般市民が沈黙してしまう可能性があり，そうなると対抗言論が発信されないままになる可能性があるほか，仮に論理的な対抗言論が発信されても，威圧的かつ感情的なヘイト・スピーチによってかき消されてしまう可能性があることが指摘されている。[31] そうなると，ヘイト・スピーチへの対抗言論が将来的に「真実」または「良い思想」として社会や市場を制覇する可能性はきわめて低くなる。さらに，ナチス政権下におけるユダヤ人虐殺をはじめとして，人類史上ではヘイト・スピーチがごく短期間のうちに社会を席巻してターゲット集団の虐殺や甚大な人権侵害をもたらした例も多いことをふまえると，長期的な展望に立った「真実の発見」論や「思想の自由市場」論に依拠することには重大な危険も伴う。よって，「真実の発見」論や「思想の自由市場」論については，完全に依拠することは避けるべきであると説かれる。[32]

## VI　むすびに代えて

　本章でみたとおり，憲法21条の「表現の自由」にいう「表現」には，象徴的表

現や集団行動を含むさまざまな形態や内容の表現が含まれる。そして，表現要素を有する言動に対する規制については，その規制対象にとりこまれる言動の形態や内容を問わず，いったん「表現」に対する規制として位置づけたうえで，その規制の正当化が可能であるか否かを検討することが求められる。また，規制のなかでもとくに表現内容規制に関しては，政府による恣意的な規制につながるおそれが強いがゆえに，ヘイト・スピーチ規制に関しても，こうしたおそれのもつ意味を慎重に検討する必要がある。

　もっとも，現行法制度において一定の表現規制が許容されていることを考慮すると，ヘイト・スピーチ規制についても，なんらかの論理で正当化することが可能であるようにも思われる。とくに，表現の自由の保障意義に照らした場合，民主主義過程，個人的価値，および「思想の自由市場」（または「真実の発見」）という意義のいずれにおいても，ヘイト・スピーチ規制の正当化は可能であるように思われる。しかし，それでもなお規制消極論が有力に唱えられているのはなぜなのか。次の第6章でみていく。


〔註〕
1）　芦部信喜著・高橋和之補訂『憲法（第5版）』（岩波書店，2011年）175頁。
2）　芦部教授は，「性表現（わいせつ的表現）は，刑法によって禁止されているので，長らく，憲法で保障された表現の範囲に属さないと考えられてきた」と批判的に述べる（前掲註1）芦部・182頁）。奥平教授も，わいせつ表現等の規制について，「学説・判例とも，それらの合憲性基礎論にはあまり真剣にエネルギーを注いではいない。この種の言論は，むかしからずっと一定の限定されたカテゴリーにおさまっているかぎり，社会的に許されないものとして，憲法保障のらち外に置かれてきている，と見做す傾向がある」と批判的に述べている（奥平康弘『憲法Ⅲ』（有斐閣，1993年）188頁）。
3）　前掲註2）奥平・188頁。なお，判例では，このような表現については「公共の福祉」に反して「憲法の保障する言論の自由の限界を逸脱」するがゆえに規制をしても憲法に反しないとたびたび明言している（食管法違反事件最大判昭24・5・18刑集3巻6号839頁ほか）。
4）　松井教授は，「手厚く保護されるべきはすべての表現の自由であり，それゆえ，それぞれの表現が異なる表現の価値を有しているとか，表現の自由の価値に高低ないし序列があるとか考えるのは妥当でない。また表現であるのに，それを表現の価値を欠くとして憲法的保護の射程外とするのも妥当ではないように思われる。憲法は，表現の自由一般を保障しており，その保障の趣旨は，表現の価値・危険性を表現者と表現の受け手の判断に委ね，裁判所を含め政府が表現内容について判断することを原則として禁止したものと解すべきではあるまいか」と説く（松井茂記『日本国憲法（第2版）』（有斐閣，2002年）433頁）。
5）　もっとも，表現要素を有する言動であれば確実に憲法21条の射程内に入るということではない。この点については後述する。

6) 前掲註1）芦部・103頁。
7) 「人種差別撤廃条約第1回・第2回定期報告（仮訳）2000年1月」ほか。
8) 名誉毀損や侮辱の表現については，刑事訴追に際して被害者による告訴を要するが，これは被害者の意思重視と被害の拡大防止といった観点によるものであって，国家と表現発信者（被疑者・被告人）とが対峙するという刑事司法の構図は有効である。
9) 京都地判平25・10・7判時2208号74頁。
10) *See, e.g.*, Richard Delgado, *Words That Wound: A Tort Action for Racial Insults, Epithets and Name-Calling*, 17 Harv. C.R.-C.L. L. Rev. 133 (1982); Rhonda G. Hartman, *Revitalizing Group Defamation As a Remedy For Hate Speech on Campus*, 71 Or. L. Rev. 855 (1992). *But see* Rodney A. Smolla, Smolla & Nimmer on Freedom of Speech § 12:8 (Westlaw database updated October 2013).
11) オーストラリアの連邦の人種差別禁止法ではヘイト・スピーチを規制対象に取り込んでいる。カナダも人権法によるヘイト・スピーチ規制を設けていたが，2014年6月に廃止。
12) 人権保障のための国内人権機関については，山崎公士『国内人権機関の意義と役割』（三省堂，2012年）参照。
13) アメリカ連邦最高裁のオブライエン判決（United States v. O'Brien, 391 U.S. 367 (1968)）の法理に沿った考え方であり，日本での支持も強い。
14) もっとも，殺人罪の場合とは異なり，器物損壊のうちの軽微な事例であれば，被告人が表現の自由に基づく違法性阻却を求めるという論法を採る可能性がある。また，他の同等の器物損壊の事例が訴追されないのに，政権批判の事例のみが訴追されるといったように選択的に訴追が行われる可能性もあり，この場合は器物損壊罪の適用場面において観点に基づく表現規制および平等違反が生じていると論じられる余地がある。もっとも，国体会場に掲揚された日の丸を引き下ろして焼いた行為に対して器物損壊罪等が適用されたことに対して被告人が憲法14条違反および表現の自由に基づく違法性阻却等を求めた事件において，那覇地判（平5・3・23判時1459号157頁）は，検察官に与えられた広範な裁量権をふまえて憲法14条違反の主張を退けたうえで，「民主主義社会においては，自己の主張の実現は言論による討論や説得などの平和的手段によって行われるべきものであって，たとえ本件競技会における日の丸旗の掲揚に反対であったとしても，その主張を実現するために，前記認定のような被告人の実力行使は手段において相当なものとはいい難く，これが正当行為であるといえない」と述べている。
15) Smolla, *supra* note 10, § 12:25.
16) 私人間における差別行為を禁止する法律を導入した場合も，言論を含む行動が差別行為として認定される可能性がある。たとえば，商店の店頭に貼られた「〇〇人の立入禁止」という貼り紙は，純粋な言論でありながら，差別として認定される可能性が高い。もっとも，「立入禁止」とは明示しないながらも公共施設や民間施設の利用を躊躇させる効果をもつ内容または形態によるヘイト・スピーチや，社会の一員としての存在を否定するヘイト・スピーチについて，「表現」と「差別行為」のどちらに区分するのかという判断は容易ではない。この点について，2013年の京都地裁判決（平25・10・7判時2208号74頁）は示唆的である。
17) 前掲註1）芦部・208頁。
18) 前掲註1）芦部・209頁。公安条例でも，ある程度の配慮はなされている。たとえば東京都条例（集会，集団行進及び集団示威運動に関する条例）では，許可制を採ったうえで「公共の秩序または公衆の衛生を保持するためやむを得ない場合の進路，場所または日時の変更」を条件とした許可手法を認めているものの，不許可としうる場合を「公共の安寧を保持

する上に直接危険を及ぼすと明らかに認められる場合」に限定している。
19) 小谷順子「Hate Speech 規制をめぐる憲法論の展開——1970年代までのアメリカにおける議論」静岡大学法政研究14巻1号(2009年)34頁。もっとも，アメリカ連邦最高裁は，アメリカにおける最も激しい議論の対象であるところの妊娠中絶を行う医療機関の周囲における言論活動を規制する法律について，これを表現内容中立であるとして合憲と判断している (Hill v. Colorado, 530 U.S. 703 (2000))。
20) もっとも，ヘイト・スピーチ・デモについては，そのターゲット集団が公的人物ではなく社会的弱者なのであり，開催場所がターゲット集団の公的生活空間であるだけでなく私的生活空間であることをふまえると，皇居前広場や電力会社前とは条件が異なる。しかし，女性蔑視の集落における女性蔑視の祭事反対デモについては，ヘイト・スピーチ・デモとの類似性が高いとも言いうる。これらは一例にすぎないが，とくにデモの許可条件の設定は立法レベルではなく行政庁の裁量でなされうることもふまえると，こうした類似規制とヘイト・スピーチ・デモ規制との差別化をいかに図りうるのかという問題を慎重に考慮する必要がある。
21) 前掲註4)松井・465頁。
22) 長谷部恭男『憲法(第5版)』(新世社，2011年)214頁。
23) 日本民間放送連盟の放送基準では，「第2章 法と政治」において「(10)人種・民族・国民に関することを取り扱う時は，その感情を尊重しなければならない」と規定するとともに，「第7章 宗教」において「(39)信教の自由および各宗派の立場を尊重し，他宗・他派を中傷，ひぼうする言動は取り扱わない」と規定する。日本放送協会番組基準は，「第1章 放送番組一般の基準」の「第2項 人種・民族・国際関係」において，「1 人種的，民族的偏見を持たせるような放送はしない」と規定する。
24) たとえば「朝日新聞記者行動基準」では，「記者は，報道を通じて，民族，性別，信条，社会的立場による差別や偏見などの人権侵害をなくすために努力する」と規定する。こうした基準を設けていない場合，ヘイト・スピーチないし差別を煽る表現の記事を発信する余地がある。このことは，インターネット上の新聞社の公式サイト及び新聞社以外の運営するニュース・サイトにも該当する。
25) T・I・エマースン(小林直樹・横田耕一訳)『表現の自由』(東京大学出版会，1972年)10頁。
26) See, e.g., Charles R. Lawrence III, If He Hollers Let Him Go: Regulating Racist Speech on Campus, 1990 Duke L.J. 431, 466-72.
27) 前掲註25)エマースン・2頁。
28) Lawrence, supra note 26, at 452-54.
29) JOHN STUART MILL, ON LIBERTY (reprinted 2002).
30) 真実発見をめざすミルの理想論的な主張とは異なり，ホームズ判事は，思想の自由市場を確保することによって，虚偽言論であることを理由とした言論規制を回避し，有害・無価値な思想に執着する人々に対する啓発効果が発揮されるといった現実面に重きを置く。See Abrams v. United States, 250 U.S. 616, 630 (1919) (Holmes, J., dissenting).
31) Lawrence, supra note 26, at 466-72.
32) このような点をふまえて，経済市場の健全な機能発揮のために政府が介入するのと同様に，思想市場(ないし社会)の健全な機能維持のためにも政府が介入すべきであるとする主張もある。

第6章

# 言論規制消極論の意義と課題

小谷 順子

## I　問題の所在

　第5章でみたとおり，表現の自由が絶対的なものではないのであれば，ヘイト・スピーチの深刻な害悪を適切に認定したうえで，明確かつ狭義な文言の規制を設けることは可能であるようにも思われる。そうであるにもかかわらず，ヘイト・スピーチ規制の導入に消極的な意見が多いのはなぜなのか。本章では，規制に消極的な見解をみていくが，本題に入る前に議論の前提となる事柄を確認しておきたい。

■ヘイト・スピーチの定義の困難さ

　まず，一概に「ヘイト・スピーチ」といっても，そのメッセージ内容，過激さの程度，発信される環境，受信される環境などの点において，多種多様である。たとえば，①差別主義団体のメンバー数十名がターゲット集団たる○○人の多く暮らす居住地域の公園に集合して「○○人はわが国に居住するにはふさわしくないので，国外に撤去すべきだ」と演説した場合（特徴：ターゲット集団に直接向けて公然となされる政治的表現の体裁をもつ表現），②同じく「○○人は動物以下の糞尿だ」という発言をした場合（特徴：①に類似するが政治的表現の体裁をもたない単純な侮辱表現），③同じ団体のメンバーが団体のホームページ上でこれらの内容の書き込みをした場合（特徴：①②に類似するが不特定多数に向けられた表現），④同ホームページ上の掲示板に○○人が「あなたたち△△人こそ動物以下の糞尿だ」と書き込んだ場合（特徴：③に類似するがマイノリティ集団による反論表現），⑤刑事政策を専門とする大学教員が講義中に統計データを引用しながら「わが国の犯罪が増加したのは○○人が増加したからであり，○○人が

同市から退去すれば犯罪は減るはずである」という推論を述べた場合（特徴：大学における学問研究・教授という体裁をもつ表現），⑥同じく「○○人はしょせん全員犯罪者なのだからわが国から出ていけ」と述べた場合（特徴：⑤に類似するが稚拙な主張），⑦閲覧者の非常に多いインターネット上の掲示板において匿名の高校生が「○○人は人間以下の存在で大嫌いだから我が国から出ていくべきだ」と書いた場合（特徴：不特定多数に向けた単純な嫌悪表現），⑧同じく高校生が友人との会話のなかで同発言をした場合（特徴：⑦に類似するが私的な会話表現）などを想定すると，それぞれその表現の発信者，受信者，露呈する憎悪の程度，または表現としての影響力は多様である。規制の可否および是非を検討する際には，こういった多様なヘイト・スピーチをどのように限定的に定義づけて立法化を図るのかという困難な課題が存在することを忘れてはならない。

■ ヘイト・スピーチの規制対象の限定の困難さ

　また，ヘイト・スピーチの憎悪の対象となる集団の属性についても，諸外国の規制では一般に人種，宗教，性別，性的指向（異性愛者・同性愛者の別）などの属性が列挙されるが，日本で法制化する場合にもこれらすべての事由を列挙すべきなのか，また，被差別部落や嫡出性（嫡出子・非嫡出子の別）なども列挙すべきなのかという問題がある[1]。さらに，規制の形態についても，刑事法による罰則，民事法による救済，および人権法（差別禁止法）による救済規定のほか，デモ規制や放送規制などの形態もありうる。さらに挙げると，刑事法による規制を設ける場合でも，既存の条文（たとえば侮辱罪や名誉毀損罪）の解釈変更によって集団に対するヘイト・スピーチを規制対象に取り込むのか，新規の立法という形で集団に対するヘイト・スピーチの規制を設けるのか，という問題もある。

　このように，ヘイト・スピーチそのものがきわめて多様でありうるうえに，規制の態様にも複数の選択肢があるなかで，本章では，主に人種に基づくヘイト・スピーチに対する刑事規制を念頭におきつつも，あえてヘイト・スピーチを限定的に定義づけることはせずに，規制消極論をみていくことにする。もっとも，人種的ヘイト・スピーチに関する刑事規制を念頭におきつつも，他の属性に関するヘイト・スピーチや人権法（差別禁止法）を含む他の規制手法を視野

に入れて論じる箇所もある。また，規制消極説には，いくつかのパターンがあるが，主にアメリカにおける規制消極論をふまえつつ，日本の状況にも言及しながらみていく。

なお，人種差別撤廃条約において，「人種」が「人種，皮膚の色，世系または民族的若しくは種族的出身」（1条）を意味するものとして用いられていることから，本章でもこれらをまとめて人種と称する。[2]

## Ⅱ　アメリカにおける規制消極論

### ■規制消極論の背景

アメリカでは，現時点でヘイト・スピーチを一般的に規制する立法は設けられていないが，規制を求める見解は存在しており，規制の可否（合憲・違憲）ないし是非（要・不要）をめぐる議論は継続している。ヘイト・スピーチ規制消極派は，いわゆる保守とリベラルの枠組みを超えた形で存在しているのだが，ここでは便宜上，伝統的なリベラル派による消極論と保守派による消極論というふたつの枠組みでみていく。

アメリカにおいて，最大限の自由の確保を主張するリバタリアンがヘイト・スピーチ規制に批判的であるということは理解しやすいが，リベラル派の姿勢は複雑である。リベラル派は，従来，社会的・経済的弱者を含めた人々の自由と権利の保障を重視してきたこともあり，1970年代後半以降に社会的・経済的弱者を攻撃するヘイト・スピーチの問題が顕在化するに伴い，この問題への対応方法をめぐって難しい選択を迫られた。つまり，それまで弱者の自由の確保のために展開してきた法的議論をふまえると，ヘイト・スピーチに関しても何らかの防止策を講じるべきなのかもしれないが，他方で，言論の力を通してさまざまな権利や自由を勝ち取ってきた歴史をふまえると，「表現の自由」の保障を緩めることには強いためらいがあったのである。こうして，リベラル派のなかにおいて，ヘイト・スピーチの強い害悪を認識しながらも表現内容に基づく規制は許されないという結論にたどりつく論者が出てくる一方で，ヘイト・スピーチ規制は正当化されうると考える論者も出てきた。[3]

さらに，既存の表現の自由の理論を疑問視する批判的人種理論の立場の論者

も，早期からヘイト・スピーチの害悪の強さゆえの規制の必要性を主張し続けている。[4] また，差別構造の固定化を促す一定のヘイト・スピーチは表現としての価値が低いゆえに規制可能であるとする論者や，公共の議論において多様な意見の参加が確保されるべきであるという点を重視して規制可能であるとする論者もいる。[6] 他方，規制に反対する論者としては，上述のリバタリアンやリベラル派の一部のほかに，ヘイト・スピーチ規制を後述の「PC」の一環として位置づけてその規制に強い反感を示す保守派が挙げられる。

■ 連邦最高裁のヘイト・スピーチ規制違憲判決（1992年のRAV判決）

　ヘイト・スピーチ規制の可否および是非をめぐる政治的・学術的・社会的な論争が展開するなか，アメリカ連邦最高裁は，1992年のRAV判決において，ヘイト・スピーチ規制を事実上ほぼ不可能とする判断を下した。[7] 同事件の争点となったのは，（アメリカにおける典型的なヘイト・スピーチである）十字架を燃やす行為を含む表現行為によって生じる人種，肌の色，信条，宗教，性に基づく怒り，不安，または憤りが「喧嘩言葉（fighting words）[8]」（注：アメリカにおいて脅迫やわいせつ等とならんで規制可能とされる表現カテゴリーのひとつ）を構成する程度に至った場合に規制する市条例の合憲性である。

　連邦最高裁のスカリア判事執筆の法廷意見は，次のように述べて本件条例を違憲と判断した。

　　「本件条例は不人気な題材である人種等に関する表現のみを喧嘩言葉のなかから選び出して規制しているがゆえに表現の内容に基づく規制であり，さらに，実際に同条例が適用されうるのは当該題材に関する表現のなかでも少数派的観点に基づくものに限定されるがゆえに適用段階では表現の観点に基づく規制になる。[9] 喧嘩言葉のような禁止しうる表現カテゴリー内の小領域のみを選択的に規制しうる場合も例外的にあるが，本件条例はそのような例外には該当しない。[10] 歴史的に差別されてきた集団の構成員の自由で平穏な生活の権利を含む基本的人権を保障するという本件条例の規制利益は重要であるが，当該利益の達成のために表現内容に基づく規制を設ける必要性はなく，また，当該規制目的は喧嘩言葉全体の規制によっても達成可能であるゆえに，人種等の特定の題材のみを選び出した規制をする必要はない。[11]」

こうしてヘイト・スピーチ規制の正当化の道を閉ざしたとされるRAV判決は，今日もヘイト・スピーチに関する判例の中核に位置付けられているものの，その射程はその後の判例を通して狭められている。連邦最高裁は，1993年のミッチェル判決において，犯罪遂行時に人種等の要素に基づいて被害者を選定した場合に刑罰を加重する州法について，刑罰の対象が表現ではなく行為であること等を理由に合憲と判断した[12]。また，2003年のブラック判決では，脅迫の意図で十字架を燃やす行為を明文で禁じる州法について，脅迫のうちの最も害悪の強いものを規制するものであってRAV判決で例外的に規制が許されるとされたパターンに該当するがゆえに合憲であると判断した[13]。これらの判例からは，ヘイト・スピーチそのものを一般的に規制することは違憲であるものの，憎悪を動機とした犯罪行為の規制は合憲であるとする連邦最高裁の姿勢を読み取ることができる。

　以下，これらの判例を念頭におきつつ，アメリカにおける表現規制消極論に焦点を当て，伝統的な規制消極論，PC運動との関連で論じられる規制消極論，および規制効果論の順にみていく。

## Ⅲ　伝統的な規制消極論

### ■表現内容規制に対する警戒感

　ヘイト・スピーチ規制導入に対する慎重論は，表現内容規制に対する警戒感に起因する部分が大きい。前章でもみたとおり，表現内容に基づく規制は，政府による恣意的な規制となるおそれがあるゆえに警戒される。このおそれは，政府に批判的な見解は規制対象となりやすいという経験則から生じており，これを具体化すると，①政府または議会多数派にとって不都合または不愉快な題材や視点の表現を禁止する立法が行われるおそれ（【恣意的な立法のおそれ】），②適切な意図で設けられた立法であっても実際の運用において政府または法執行部門が嫌う表現のみに適用されてしまうおそれ（【恣意的な運用のおそれ】），③新たな表現内容規制立法がひとつ成立することによって表現内容規制の立法化のハードルが下がって表現内容規制立法が乱発するおそれ（【規制乱発のおそれ】）である。

こうしたおそれが強いがゆえに，今日，ヘイト・スピーチの害悪の深刻さが指摘されようとも，ヘイト・スピーチの害悪の放置が表現の自由の保障意義自体を損なうのだと指摘されようとも，ヘイト・スピーチ規制を新たに設けることに対する抵抗は強い。

　ここで，今日の日本でヘイト・スピーチ規制を設けるのであれば，その必要性および適切性は明らかなのであるから，少なくとも恣意的な立法のおそれ（①）は生じないようにも思われる。しかし，たとえ立法化を求める当初の意図がヘイト・スピーチの害悪を防止することであったとしても，法案の作成過程や議会での審議過程を経て，当初の意図から逸脱して政府または議会多数派の意向を反映した文言の法律が成立する可能性は十分にある。また，恣意的な運用のおそれ（②）に関しても，仮に法執行部門に差別意識が浸透していたり積極的な平等推進施策への抵抗感が存在していたりした場合，そのような態度を反映した運用実態となる可能性がないとは言えない。一方，法執行部門内にこうした意識や感覚が存在していない場合であっても，また，こうした運用を防止するために法務大臣等による同意を訴追の要件とした立法を行った場合であっても[14]，規制対象の表現とそれ以外の表現とを明快に区別することが困難である以上は，事例ごとに生身の人間が訴追の有無を判断せざるを得ないのであって，その結果，規制対象の境界線が不明確となり，社会における言論活動に萎縮効果が生じるおそれがある。

　さらに，規制乱発のおそれ（③）についても，ヘイト・スピーチ規制という新しい表現内容規制が成立することによって，他の表現内容規制の導入のハードルが低くなる可能性は十分にある。つまり，ヘイト・スピーチの規制が合憲なのであれば他の表現の規制も合憲であると主張されて，政府や議会多数派に不都合・不人気な言論を禁止する法律を制定する突破口になるおそれがある。たとえば，ヘイト・スピーチ規制の成立をうけて，靖国神社批判の表現についても，戦死した兵士や遺族の尊厳を根幹から否定する強烈な害悪を発するものであるから規制すべきであると主張された場合に，これに対する従来の違憲論が通用しなくなるおそれがある。

■政治的言論の規制に対する警戒感

　さらに、ヘイト・スピーチ規制が政治的言論の規制として機能するおそれへの警戒心も強い。とくに人種や宗教という属性に関するヘイト・スピーチは、それらの属性をめぐる議論が当該社会における重要な政治課題であることも多く、規制を設けることによって政治的言論が規制されることになるおそれが強い。つまり、たとえば、ユダヤ人差別が重大な政治問題であるドイツにおいて、黒人差別が重大な政治問題であるアメリカにおいて、東アジア諸国との関係が重大な政治問題である日本において、宗教的・人種的ヘイト・スピーチを規制することは、重大な政治問題に関する闊達な議論を萎縮させることにつながりうる。政治的意見・表現については、民主主義国家における表現の自由の重要性に照らし、価値の高い表現として手厚く保障すべきであると考えるのであれば、たとえ偏見や憎悪に基づいた主張であっても、政治的意見の体裁をもつ以上は容易に規制することは避けるべきだということになる。

■規制対象を限定できるのか？

　もっとも、政治的意見とその他のヘイト・スピーチとを区別して、その他のヘイト・スピーチのみを規制することができるのであれば、上記の問題は解消することになる。両者の区別は可能か。

　今日、社会において発信されるヘイト・スピーチには、単純に差別用語を発するだけのものや、特定の人種の劣性を指摘するだけのものもある。しかし、他方で、より複雑な意見の主張という体裁をもったヘイト・スピーチも多く、このことは、欧米の議論でもしばしば指摘されている。近年のヘイト・スピーチにみられる傾向として、ある論者によると、たとえば、歴史研究の議論を紹介するという体裁でホロコーストの存在を軽視・否定する議論を展開するというパターン、イスラエルを批判するという体裁で政治的論争と反ユダヤ主義の主張との境界を曖昧にさせるパターン、統計データ等を提示して科学的な議論を展開するという体裁で特定人種の犯罪率の高さを指摘するというパターンなどがみられるという[15]。

　このように政治的・科学的な見解という外観をもって発信される意見は、その真の発信意図が憎悪や偏見の宣伝であったとしても、ヘイト・スピーチとし

て規制することは困難である。逆に，仮にこれらの表現をヘイト・スピーチとして規制することになると，政治的・科学的な意見の発表の自由を大幅に萎縮することになるおそれが生じる。したがって，ヘイト・スピーチとして規制することができるのは，明らかな差別用語やきわめて端的な憎悪の表現のみに限定されることになる。

■小　　括
　このように，新規の表現内容規制を設けることに対する強い警戒感に加えて，政治的表現の規制および萎縮につながることに対する警戒感が存在する。それゆえに，従来，リベラル派の多くが社会的・経済的弱者の権利と自由の確保を重視してきたにもかかわらず，ヘイト・スピーチ規制を新たに導入することに関してはこれを肯定することができないのである。

## Ⅳ　「PC（ポリティカル・コレクトネス）」に反対する規制消極論

　アメリカでは，1980年以降，ヘイト・スピーチ規制の合憲性および妥当性をめぐる議論が一気に活発化したが，その発端となったのは全米の大学キャンパスである。この時期に，多くの大学が，学内における人種的・性的な嫌がらせ行為に対処するために，ヘイト・スピーチを含むいわゆるハラスメント行為を禁止する学則を採用したことをうけて，ヘイト・スピーチ規制をめぐる論争が展開したのである。もっとも，このような法学論争の背景には，次に紹介する「Political Correctness（政治的な正しさ）」（以下，PCと記す）というより大きな動きと，それに対する強い反発とがあったことにも注目すべきであることから，以下，アメリカにおけるPCをめぐる論争を紹介する。

■PCとはなにか
　アメリカでは，1980年代以降，大学を中心とした学問の場において，従来の学問研究が白人男性の視点のみを軸としている点において偏りがあると批判する主張がみられるようになり，有色人種や女性も含めた人々の視点から学問体系全体を見直すべきであるという主張が有力に唱えられるようになった。この

ような主張はフェミニズムや批判的人種理論（Critical Race Theory）といった名称で展開し，学術的議論やカリキュラム編成に影響を与えるようになるとともに，大学におけるさまざまな場面において「多様性」(pluralization) の確保を求めるという形で広がった。そして，たとえば，教員の多様化を促進するために，女性や有色人種の教員を雇用することが推奨されるとともに，学生の多様化を促進するために，入学者選抜においてマイノリティ集団を優先的に合格させるアファーマティブ・アクションの導入が図られるといった施策が推進された。

「Politically Correct（政治的に正しい（形容詞句））」または「Political Correctness（政治的な正しさ（名詞句））」という用語は，多様性の確保を強く求めるこうした風潮全体を指して批判的に用いられるようになり，PCを追求する風潮は大学のみならず一般社会全体にも広がっていった。[16]

そのような流れと前後して，それまで用いられてきた様々な用語が，性別・宗教にまつわるステレオタイプを促進するものであると批判され，または，価値中立性に欠けるものであると批判され，言い換えが求められるようになった。たとえば，「chairman（議長）」や「spokesman（広報担当者）」という用語が性別役割分担を肯定するものであると批判されて「chairperson」や「spokesperson」に置き換えられ，「Merry Christmas」という表現が宗教的中立性を欠くものとして「Happy Holidays」（良い祝日を）という表現に置き換えるなど，様々な場面における様々な用語に関して置き換えが求められるようになった。

■ 保守派によるPCへの反発

PCを追求する風潮が広がり，PCに反する言動が非難される例が顕在化するようになると，一部の保守派はPCの動きに正面から反対するようになった。[17] PCに反対する保守派は，アファーマティブ・アクションの導入を批判することと併せて，PCに反する表現を禁句とする風潮やヘイト・スピーチを禁止する規則の導入についても，これが思想統制であって許容できないものであると主張した。そして，こうしたPCをめぐる対立は，大学という枠組みを超えた社会的・政治的な問題として展開することとなった。

ヘイト・スピーチ規制を違憲と判断した1992年のRAV判決は，こうした動

きのなかに位置づけてみることで，判事間の対立構図が鮮明になる。たとえば，同事件の口頭弁論において，争点となった市のヘイト・スピーチ規制条例は正当化しうると主張した市の代理人に対して，法廷意見を執筆することになるスカリア判事は，「それは政治的判断だ（That's a political judgment.）」と一蹴している[18]。さらに，これをうけて，ブラックマン判事は，個別意見のなかでスカリア判事を批判する文脈のなかで，スカリア判事が「『政治的に正しい表現』と『文化的多様性』をめぐる議論に決着をつけるという誘惑に駆られて本来の適切な任務から脱線してしまった」のではないかと批判している[19]。このようなやりとりは，PCをめぐる社会的な議論をふまえたものだったのである。

■PC推進に戸惑うリベラル派

ところで，リベラル派内部における規制否定派については，先に伝統的な規制消極論を紹介したが，PC論争の激化に伴って，別の観点から規制推進に反対するリベラル派も生じた。過度にPCが推進されてヘイト・スピーチ規制を含む文化的・集団的アイデンティティの問題に議論が集中しすぎてしまうことによって，リベラル派の本来の課題であるはずの所得格差・階級格差の問題への取り組みがおろそかになってしまうことを懸念した論者である[20]。このような論者を含めて，PCを追求する風潮に対しては，保守派だけではなくリベラル派からの反発もあったことに留意する必要がある。

以上，PCを追求する風潮との関連でヘイト・スピーチ規制に対する各種見解を紹介したが，ヘイト・スピーチ規制の可否および是非をめぐる議論は，純粋な憲法論の枠を超えて，政治的・社会的な問題として議論されているという特色を有するがゆえに，さまざまな観点からの規制消極論が唱えられていると言いうる。

## V 規制効果に対する懐疑論に基づく規制消極論

本章の冒頭でも述べたとおり，一概にヘイト・スピーチといってもその内容は多様であり，表現の発信者，受信者，場面，内容によって，害悪の程度および影響力も様々である。そのため，仮に，典型的な差別用語やきわめて端的な

憎悪の表明を規制対象にするという共通見解を築くことができたとしても，さらに，差別思想に基づくものの政治的言論の体裁をもつ表現，少数派が強者集団を攻撃する表現，少数派の仲間内でもちいられる差別用語，少数派が他の属性の少数派を攻撃する表現，および私的会合での表現などを規制対象に取り込むべきか否かという点をはじめとした様々な点についての検討も求められる。憲法に違反しないヘイト・スピーチ規制を設けるためには，規制を論理的に正当化する作業が必要であるのみならず，合憲性の審査をクリアしうる規制文言を構築するという困難な作業を要するのである。さらに，これらの作業が成功裏に終わったとしても，次は，その規制の費用対効果ないし妥当性に対する疑問が投げかけられることになる。以下，そのような疑問を紹介する。

■ 規制対象となる表現範囲の狭さと規制効果

　ヘイト・スピーチの態様が多種多様であることをふまえると，規制の対象とすべき表現を画定することはきわめて困難である。そこで，規制が合憲となるよう，規制文言の明確性を確保しつつ過度の広汎性を回避する文言を起草した場合，それはきわめて厳格かつ限定的な文言とならざるをえない。つまり，合憲性の審査を通過しうる規制文言は，ごく限定的な表現のみを規制対象とするものとならざるをえない。このことは，規制積極派の論者にとってジレンマであるし，逆に，むしろ規制反対論の論拠にもなる。つまり，仮にヘイト・スピーチ規制を設けたとしても，実際に規制対象となる表現がきわめて少量にすぎないのであれば，ヘイト・スピーチの害悪はほぼ解消されないまま残るのであって，規制対象に入らない大部分のヘイト・スピーチは，その被害者に深刻な害悪を与え続けるし，市場にも出回ることになる。その場合は，規制推進派が強調するところの思想の自由市場論や真実の発見論や民主主義過程の意義論におけるヘイト・スピーチの害悪もそのまま存在しつづけることになる。すると，規制を設けることによる実質的な効果は，差別や偏見を容認しないという政府の姿勢の表明というシンボル的なものにとどまることになる。このようなシンボル的効果のみのために，表現の自由の保障全般に対する脅威を与えうる規制を認めることは不合理であると批判されるのである。[21]

■規制の副作用1：差別問題解消への悪影響のおそれ

　これに対して，表現の自由の保障全体に対する脅威となろうとも，現実にきわめて有害なヘイト・スピーチが存在している以上は，たとえシンボル的効果にとどまろうとも規制を設けることには意義があるという反論がありうる。しかし，このような反論への再反論として，ヘイト・スピーチ規制は社会に存在する人種差別の問題の解消にはつながらない可能性があるどころか，社会の人種問題や差別構造の解消という最終目的には逆効果になるという批判もある。[22] つまり，これまでの調査研究によると，ごく一部の表現を規制することで差別や偏見が解消されるということは論証されておらず，むしろ，規制を設けることによって，規制対象となる「禁じられた表現」が一部の人々にとって魅力的かつ説得的になることが心理学研究で論証されている。さらに，規制が具体的事例に適用された場合，適用されたヘイト・スピーチおよびその発言者たる差別集団に注目が集まることとなる。とくに，裁判所によって最終的に適用違憲であったと判断された表現については，合法的なヘイト・スピーチとして報道されて広まる可能性があるというのである。

■規制の副作用2：規制がマイノリティに対して適用されるおそれ

　さらに，ヘイト・スピーチ規制を設けた場合，少数派集団が多数派集団を批判するために発した表現が規制対象になる可能性がある。つまり，規制の文言が合憲になるように留意した場合，特定の属性の少数派集団（例：特定の○○人種）を攻撃するヘイト・スピーチだけを規制対象にすることは困難であって，特定の属性（例：あらゆる人種）にまつわるヘイト・スピーチ全般を規制対象にせざるをえない。そうすると，少数派集団に対して規制が適用されるという例が生じうるのであって，こうした例は，現行法で規制を設けているイギリスでも，過去の米国の大学でも起きているという。[23] この点からも規制の効果が疑問視されるのである。

## VI　むすびに代えて

　本章でみたとおり，ヘイト・スピーチの定義づけや規制対象の限定には困難

が伴うし，仮に法案の原案を検討する段階で限定化に成功したとしても，立法過程における恣意的な文言修正の可能性，法案成立後の適用過程における恣意的な適用の可能性，そして，ヘイト・スピーチ規制を突破口とした恣意的な表現内容規制の導入のおそれが拭えない。また，仮にこれらの懸念をクリアできたとしても，合憲性審査をクリアしうる明確性および厳格性を有する規制では，ごく一部のヘイト・スピーチしか規制しえないのであって，それではヘイト・スピーチの害悪の防止や軽減には役立たない。また，ヘイト・スピーチ規制は，問題の根本にある人種的・民族的な憎悪や偏見を軽減する効果をもたないという指摘も有力である，という指摘も有力である。そうなると，ヘイト・スピーチ規制は，そのリスクの大きさに比べて効用がきわめて小さいということになる。このような見解は説得力があり，十分に考慮する必要があるものと思われる。

　もっとも，このことは，ヘイト・スピーチの拡散を放置すべきであるということを意味するのではない。たとえば，アメリカでは，Ⅱで述べたとおり，ヘイト・スピーチをピンポイントで規制する立法こそ設けていないものの，人種的な動機で遂行された犯罪に刑罰を加重するヘイト・クライム法は現在も存在している。また，連邦の市民的権利に関する法律は，不特定多数の利用する施設における人種差別を禁じている[24]。さらに，こうした立法に加え，政府も人種差別や宗教差別の解消をめざすメッセージを積極的に発信している。つまり，アメリカは，表現規制こそは避けているものの，それ以外のさまざまな施策を通して，人種的な憎悪や偏見の解消に努めるとともに，こうした憎悪や偏見がマイノリティの社会生活に支障をきたすという事態を防止することに努めているのである。

　この点につき，日本政府も，人種差別撤廃条約に関する報告書のなかで[25]，「粘り強く国民一般の人権意識を啓発することにより，差別行為を自主的に排除させ，又は，将来の再発を防止することに相応の効果を挙げている」と述べている。ここでいう啓発活動の実績と効果については再検証が必要であろうが，日本におけるヘイト・スピーチの拡散・蔓延の問題に向き合う際には，表現規制という選択肢のみに限定した議論に終始するのではなく，啓発活動を含めた多様な施策も選択肢に入れて議論を展開することが有効であるように思われる。

〔註〕
1） アメリカの連邦の憎悪犯罪統計法（Hate Crime statistics Act）では，憎悪犯罪（ヘイト・クライム）として，「人種，性別及び自己認識上の性別，宗教，障害，性的志向，民族」に基づく偏見に起因した「殺人，故殺，強姦，加重暴行，暴行，威嚇，放火，又は財産に対する破壊，損害，若しくは損壊」を列挙したうえで，これらに該当する犯罪の統計データの集計を図っている。
2） なお，日本政府によると，被差別部落に対する差別は同条約にいう人種差別には該当しない（衆議院外務委員会議事録1995年11月21日）。
3） 第5章で言及したアメリカにおけるネオナチによるデモの事件では，リベラルな人権擁護団体であるACLU（アメリカ自由人権協会）が表現の自由を重視する姿勢を選んでネオナチ団体の弁護に当たったことをうけ，ACLU内部における論争を巻き起こし，多数の脱会者を生み出したという。さらに，このようなACLUの姿勢に対し，他のリベラルな人権擁護団体の多くはヘイト・スピーチの規制を正当化する立場を明確に表明するようになったほか，リベラルな論客からも激しいACLU批判が生じたとされる。See David Goldberger, Skokie: The First Amendment Under Attack by Its Friends, 29 MERCER L. REV. 761, 767-71 (1978).
4） 1980年代から1990年代初頭にかけての法学論争において規制合憲論の先頭に立ったのは，リベラル派よりもむしろ批判的人種論の論者たちであったと言える。彼らは，従来の法理論に人種的マイノリティの視点が正当に反映されていないという点を強調して新しい法理論を提唱することを通してヘイト・スピーチ規制を正当化したうえで規制の導入を積極的に推奨した。See, e.g., MARI J. MATSUD, ET AL., WORDS THAT WOUND : CRITICAL RACE THEORY, ASSAULTIVE SPEECH, AND THE FIRST AMENDMENT (1993).
5） Cass R. Sunstein, Words, Conduct, Caste, 60 U. CHI. L. REV. 795, 795 (1993).
6） OWEN M FISS, LIBERALISM DIVIDED, 279-90 (1996).
7） R. A. V. v. City of St. Paul, 505 U.S. 377 (1992).
8） 挑発的に喧嘩を売る表現を意味する。
9） R.A.V., at 383-84, 391-92.
10） Id. at 388-91.
11） Id. at 395-96.
12） Wisconsin v. Mitchell, 508 U.S. 476 (1993).
13） Virginia v. Black, 538 U.S. 343 (2003).
14） イギリスの公共秩序法（Public Order Act 1986）27条(1)はヘイト・スピーチの訴追に関してAttorney General（司法長官）の同意を要件として規定。
15） Michel Rosenfeld, Hate Speech in Constitutional Jurisprudence: A Comparative Analysis, 24 Cardozo L. Rev. 1523, 1526 (2003).
16） ＰＣという用語自体はこうした風潮への批判的なニュアンスを込めて用いられることが多い点に留意が必要である。
17） See, e.g., DINESH D'SOUZA, ILLIBERAL EDUCATION (1991). SEE ALSO ANDREW P. THOMAS, THE PEOPLE V HARVARD LAW: HOW AMERICA'S OLDEST LAW SCHOOL TURNED ITS BACK ON FREE SPEECH (2005).
18） Transcript of Oral Argument at 27, R. A. V. v. St. Paul, 505 U.S. 377 (1992) (No. 90-7675).
19） R. A. V., at 414 (Blackmun, J., concurring).
20） See, e.g., Thomas C. Grey, How to Write a Speech Code Without Really Trying:

*Reflections on the Stanford Experience*, 29 U.C. Davis L. Rev. 891, 941-46 (1996).
21) *Nadine Strossen, Regulating Racist Speech on Campus: A Modest Proposal?*, 1990 Duke L.J. 484, 521-22, 555.
22) *Id.* at 554-562. このような例をふまえると，合憲となる適用例が相当量存在しないかぎり，むしろ規制が存在しない方が良いということになりうる。もっとも，こういったマイナス面を指摘しつつもマイナス面の過大評価は避けるべきだという指摘もある。Rosenfeld, *supra* note 15, at 1559.
23) イギリスの人種関係法（Race Relations Act）およびアメリカのミシガン大学のハラスメント防止規定（Policy on Discrimination and Discriminatory Harassment of Students）をめぐっては，いずれもマイノリティに属する表現者に規制が適用されるという事例が発生したことで知られている。
24) Civil Rights Act of 1964, 42 USC § 2000a.
25) 「人種差別撤廃条約第1回・第2回定期報告（仮訳）」（1999年6月）第51パラグラフ。

第Ⅲ部　ヘイト・スピーチに対する刑事規制

第7章

# 刑法における表現の自由の限界
ヘイト・スピーチの明確性と歴史性との関係

櫻 庭　総

## I　問題の所在

　「議論の前に，わかりきった話ですが，あらかじめはっきりさせておきたいのは，ここでの議論は，差別的表現がいいとか悪いとかの問題ではないということです。差別的表現が悪いのは当然であるとしても，それを法的に規制することがいいかどうか，しかも，その場合にも，政策的にいいかどうかではなく，憲法的に許されるかどうかに，もっぱら議論を集中していきたいと考えています」[1]（傍点引用者）。

　いわゆる差別的表現の「悪さ」は多くの人びとにとって自明であるとされながら，やはり多くの人びとにその規制をためらわせる憲法的価値こそ表現の自由に他ならない。
　近年は，「差別的表現」に替わり「ヘイト・スピーチ」という用語がよく見受けられるようになった。日本では，前者からは，被差別部落等を対象とする投書，落書き，インターネットによる掲示板への書き込み等がイメージされやすいのに対して，後者については，ヘイト・スピーチという用語を日本に広めるきっかけとなった，在日コリアン等を対象とする集団による街宣活動等が念頭に置かれていることが多いように思われる。両概念の外延は基本的に重複する部分が大きいとはいえ，議論にあたっては，それにより主としてイメージされる形態のズレにも，注意を払っておく必要がある[2]（なお，ヘイト・スピーチの定義および諸類型については，紙幅の関係上，次章で整理している）。
　ヘイト・スピーチ規制をめぐっては，「日本や米国では，憲法上，表現の自由が無制約に保障されているため，あらゆる表現行為は尊重されねばならず，ヘイト・スピーチも表現行為である限り規制することは許されない」といった

極論も散見される。しかし，これは不正確な理解といわざるを得ない。名誉毀損，侮辱または脅迫といった「表現」行為が一切不可罰であるような法体系の国家であれば格別，日本も，そして米国でも一定の表現行為が規制されうることは当然である。表現でありさえすればすべてが許されるかのような極端な主張には理由がない。

　むしろ問題となるのは，表現の自由の保護範囲に含まれ，とりわけ刑事規制が許されない領域を定める「境界線」[3]の確定であろう。すなわち，境界線の外部に位置づけうる一定の類型があるとすれば，その境界線を明確に引くことができるかという問題である。「ヘイト・スピーチはよくないが，いざ規制するとなると，何が（可罰的な）ヘイト・スピーチかが必ずしも明らかでなく，表現の自由が脅かされる危険が大きい」といった主張に端的にあらわれている。これがヘイト・スピーチ規制と表現の自由との関係についての実質的な争点といってよい。刑法学では，罪刑法定主義の実質的側面をなす明確性の原則の問題として捉えられる。

　本章では，まず刑法における表現の自由に関係する従来の議論状況を整理したうえで(Ⅱ)，ヘイト・スピーチ規制における表現の自由に関する見解を概観し，争点が規制範囲の不明確性に収斂することを明らかにする(Ⅲ)。その問題を解決しうる補助線として，ヘイト・スピーチの歴史性に言及し(Ⅳ)，最後にヘイト・スピーチ規制を議論する上での今後の課題を析出したい(Ⅴ)。

　なお，テーマの性質上，憲法学の知見に一定立ち入らざるをえないが，門外漢ゆえの誤解もあろうかと思われる。ありうる批判は真摯にうけとめ，今後の議論に活かしたい。

## Ⅱ　刑法における表現の自由

### ■刑法における表現の自由の位相

　表現の自由と刑事規制との関係については従来から少なからぬ議論がある。刑法175条のわいせつ物頒布罪をはじめ，国家公務員法における公務員の秘密漏示罪（及びその「そそのかし」の罪）および政治的行為の制限違反の罪，公職選挙法における戸別訪問の罪といった表現犯処罰規定の存在，さらには実質的な

表現活動（ビラ貼り，落書き）規制としての建造物損壊罪等の適用などが議論の俎上にあげられてきた[4]。ここでは，ヘイト・スピーチ規制に直接に関連する，名誉に対する罪および扇動罪に関する議論に限ってとりあげる。

■ 名誉に対する罪と表現の自由

　刑法典は，名誉に対する罪としてその第34章に名誉毀損罪（230条）および侮辱罪（231条）を規定する。名誉毀損罪は摘示された事実の真偽を問わずに成立する（虚名も保護される）ことから，表現の自由保障よりも名誉の保護を重視しているとされてきた。そこで，新憲法の施行に伴い，1947年に230条の2として公共の利害に関する場合の特例規定が設けられる。名誉毀損行為が，公共利害に関する事実であり，公益目的からなされ，かつその事実についての真実性の証明があった場合には，これを不可罰とする規定である。これは憲法21条が保障する表現の自由との調和を図った改正だとされる。しかし，免責に厳しい条件が付されていること等から，憲法改正に伴う刑法改正がこの程度のもので十分かはきわめて疑問であり，また学説も憲法論を基軸とした刑法理論を展開していたかは疑わしい。このような問題意識から表現の自由と名誉毀損罪の関係を刑法学の立場から本格的に検討したのが平川宗信である[5]。

　平川は，憲法学の展開を踏まえ，表現の自由を，民主主義の理念，とりわけ市民自らの手で統治するという市民自治の原理から理解し，すべての市民が諸々の事象について十分な情報を利用することが可能であるための「自由な情報流通の権利」として捉え，表現の自由に優越的地位が与えられているとする。それゆえ表現の自由の「中核的部分」は，名誉の保護など他の一般的利益にも優先するとされる。その中核的機能とは，公的問題に関する討論・意思決定に必要・有益な情報の流通を確保することであるから，「他人の名誉を侵害する言論も，それを保護することがこのような情報の自由な流通を確保するために必要な限りでは，正当なものとされなければならない」とする[6]。

　そこから平川は，表現の自由との関係を，主として230条の2の免責規定に関する解釈論のなかで展開する[7]。ただし，ここではその詳細には立ち入らず，平川が表現の自由の意義を市民自治の原則から捉えていること，そして，それに必要なかぎりで名誉毀損行為が許される，裏を返せば，それに必要ない一定

の名誉毀損行為の可罰性それ自体は肯定していることを確認できればよい。[8]

■ 扇動罪と表現の自由

　表現行為の刑事規制に関しては，扇動罪独立処罰の問題も論じられてきた。典型例としては，破壊活動防止法がその38条で内乱等の罪に関する扇動，教唆および特定文書の頒布を禁止している。

　宮内裕は，破防法施行直後に同条の頒布罪につき無罪判決を下した複数の地裁判決がいずれも「明白かつ現在の危険」の法理を適用していることに注目し，表現の自由尊重の観点から扇動罪，教唆罪ないし頒布罪等の表現犯罪が刑法学上いかに構成されるべきかを次のように論じる。概観した裁判例はいずれも，表現の自由保障という憲法的要請に対応して，これを制約しうる例外的場合を，個別的・具体的事例における危険性（しかも高度の危険性）に依存させようとするものである。[9]これは刑法上は具体的危険犯としての解釈論と位置づけうる。そこで扇動罪の危険性を検討するに，扇動罪は通常の表現犯罪と異なり独立的な危険性をもたず，被扇動者による可能的な構成要件実現への従属性を有している。加えて，構成要件実現の可能性という点からみれば，予備・陰謀の方が主体的であり，扇動罪のほうがより間接的であるといえる。その可罰性の根拠もより希薄であり，それだけに，法益性の重大さのみならず，危険性を高め，補強する条件を付随的に必要とする。よって，「表現とそれをとりまく客観的諸条件から，個別的・具体的に構成要件実現危険性の証明ある時に，これに可罰的違法性を認めることが，言論の自由を尊重し，かつ法益を攻撃から防御する法の任務にも合致するであろう」[10]。

　曽根威彦は，さらに，「明白かつ現在の危険」法理以降の憲法学の知見，とりわけ「ブランデンバーグ原則」を参照して，次のように主張する。すなわち，同原則は違法行為等の「唱道が，差し迫った非合法の行動を扇動しあるいは生じさせることに向けられ，かつ，このような行動を扇動又は生じさせる蓋然性のある場合でなければこれを禁止することができない」とするものであり，用語じたいの扇動性，害悪発生の蓋然性および切迫性の3要件からなる。この原則が破防法の扇動罪のような犯罪にこそ適用されねばならず，刑法解釈の次元では，表現の自由を規制する法令に違反する行為に対する可罰性の判定基準と

して機能する。よって，扇動行為の可罰性は，言葉の扇動性のほか，害悪発生の単なる可能性を超えた高度の蓋然性および切迫性の要件に照らして判断すべきであり，扇動罪は具体的危険犯と解さざるを得ない。このような限定解釈がなされなければ，違憲の疑いはきわめて濃厚である。[11]

　以上のように，学説上，名誉毀損罪とは異なり，扇動罪独立処罰に対してはその可罰性じたいに対しても批判が強く，規定の解釈次第ではその違憲性まで示唆する見解も存在する。

■ 表現の自由に関する裁判所の立場
　これに対して，判例は扇動罪の合憲性を公共の福祉論から容易に認める。渋谷暴動事件最高裁判決[12]では，たしかに破防法39条および40条の扇動は表現活動としての性質を有しているとしながら，次のように判示した。

>　「しかしながら表現活動といえども，絶対無制約に許容されるものではなく，公共の福祉に反し，表現の自由の限界を逸脱するときには，制限を受けるのはやむを得ないものであるところ，右のようなせん動は，公共の安全を脅かす現住建造物等放火罪，騒乱罪等の重大犯罪を引き起こす可能性のある社会的に危険な行為であるから，公共の福祉に反し，表現の自由の保護を受けるに値しないものというべきであり，右のようなせん動を処罰することが憲法21条1項に違反するものでないことは，当裁判所大法廷の判例〔引用判例略〕の趣旨に徴して明らかであり，所論は理由がない」。

　このような形式的な公共の福祉論を基礎とする判断に対しては，現在の学説基準から大きく逸脱している，具体的危険犯としての限定解釈がなされていないなど，刑法学説からの批判も強い。[13]

　加えて，立川ビラ配り事件に明らかなように，内容中立規制的な形式で実際には特定の（それも政治性の強い）表現内容活動が狙い撃ち的に規制されているのではないかとの疑義が呈される事例も存在する。[14]

■ 特殊日本的な状況
　以上から明らかなように，表現の自由に関して，学説と判例との距離はきわめて大きい。そこで学説は努めて表現の自由を厚く保護するための理論構築を

模索することになり，このことが多くの学説にとってヘイト・スピーチ規制に対して慎重な立場を採らせる理由にもなっているように思われる。その結果，現在の刑事司法実務では，一方でヘイト・スピーチ規制法がこれまで存在したことはなく，かといって他方で表現の自由が厚く保護されているとも言い難い状況が現出しているといえる。この状況は，判例法理においてもカテゴリカル・アプローチが採用され，厚い表現の自由保障が目指されており，かつ，後述するBlack判決のように，きわめて限定的ではあれ，一定のヘイト・スピーチ規制の余地を残しているように思われる米国の状況とは対照的であるとさえいってよい。日本がヘイト・スピーチ規制に関して消極的である理由として，日本の学説が米国の表現の自由法理に依拠している点が指摘されることがある[15]。そのような側面も否定しえないであろうが，この特殊日本的な状況に鑑みると，日本は米国以上に消極的であるといっても過言ではない[16]。このことをまず確認しておきたい[17]。

## Ⅲ　ヘイト・スピーチ規制と表現の自由

### ■従来の学説および政府の消極的見解

　学説の多くは，旧憲法下での言論弾圧，治安立法との決別から新憲法で表現の自由保障が規定されたことに鑑み，表現規制に対して慎重な姿勢を示している。したがって，国際人権B規約20条2項に規定された憎悪の唱道の禁止等に対しては，処罰範囲があいまい，不明確であり罪刑法定主義の明確性に抵触するといった理由から否定的な評価が下されてきた[18]。日本政府は，人種差別撤廃条約を批准する際に4条(a)(b)[19]に規定された人種差別の扇動等の処罰に関して留保を付しているが，その理由の一つに「その制約の必要性，合理性が厳しく要求される表現の自由や，処罰範囲の具体性，明確性が要請される罪刑法定主義といった憲法の規定する保障と抵触する恐れ」をあげている[20]。学説および政府見解はとりわけ扇動罪型の規制に対して批判的であり，それゆえ日本において扇動罪型のヘイト・スピーチ規制が支持される余地は少なかったといえる。他方で，それ自体の可罰性を疑われることのほとんどない名誉に対する罪を出発点に，ヘイト・スピーチ規制の正当化を試みるいくつかの見解がある。その

具体的な犯罪類型については次章で扱うこととし，本章では，それらの見解における表現の自由に関する部分をとりあげる。

### ■刑法学におけるヘイト・スピーチ規制と表現の自由

　刑法学では，平川が，侮辱罪の保護法益を「人間の尊厳な状態」と捉え直し，これを差別的表現規制に用いるべきことを主張した。侮辱罪では表現の自由との関係を問題にする余地がないとする。なぜなら，特定人の人間としての尊厳を否認する表現をすることが，市民自治，民主主義の実現に必要な情報を流通させるために必要であるとはおもえないからという[21]。そこから，立法論として集団侮辱罪を提案するが，ただし，「いかなる表現が差別的な集団侮辱にあたるかは，必ずしも明白ではない。処罰が不当に広がる場合には，正当な表現を抑圧し，差別意識を逆に強化・固定化するおそれもないではない。……差別の意図・目的をもった差別性が明白な悪質な表現に限定する必要がある」との留保が付されている[22]。

　ヘイト・スピーチ規制の可能性を論じる金尚均は，表現の自由と刑罰の関係について次のように述べる。憲法13条に基づき個人の尊厳を具体化したものとして，名誉という個人の人格的価値を権利として理解できる。これは個人の「名誉」が刑法上の保護法益とみなされることを意味する。よって，名誉毀損罪などの刑罰規定は，自由社会において不可欠な権利である表現の自由を制約しているようにみえるが，そうではなく，正確に言うと，いわゆる権利としての自由の範囲を逸脱し，それによって他人の名誉を侵害した表現行為に対して，表現の自由と名誉とを調整する機能をもっている[23]。ヘイト・スピーチの有害性は，主として，社会のマイノリティに属する個人および集団の社会参加の機会を阻害するところに見出せるため，「表現の自由が根本的な権利である理由が民主主義社会における社会参加であるとすれば，そのために，社会参加を阻害する表現行為に対して規制を加える必要はないのであろうか」[24]。このように疑問を提起される。

　刑法学における規制積極論では，ヘイト・スピーチは，表現の自由保障の根底をなす市民自治ないし社会参加に役立たない，あるいはそれを積極的に侵害するがゆえにその規制が許されるとする。ヘイト・スピーチは他の表現に比べ

て価値が低いとする主張といえる。他方，規制に否定的な見解から提起されていた処罰範囲の不明確性については，平川説では一定の配慮が示されているものの，具体的な境界線の設定は明らかでなく，金は原理的な規制可能性の論証を主としており，明確性の問題には立ち入っていない。このかぎりで，必ずしも否定的見解の疑義に十分応えうるものとはなっていないように思われる。

■**憲法学におけるヘイト・スピーチ規制と表現の自由**

憲法学の議論に視点を移すと，ヘイト・スピーチ規制論の主な対立は，①一部の差別的表現を，表現の自由を支える諸価値に資するところがない「価値の低い」言論と位置づけることが可能か，②一部の差別的表現が特に有害で，対抗言論の余地がないものと考えることができるか，③特に有害な言論の存在を認める場合，その範疇化ないし線引きが可能かという点にあるとされる。[25]

ただし，規制消極論に立つ見解は，表現の自由のデリケートな性格を配慮して，①「価値の低い」言論の分類を公権力に委ねることの懸念や，②対抗言論の余地なしとして国家が規制，介入することにより「思想の自由市場」が脅かされることの懸念を示しているとみるべきであり，「価値の低い」言論や対抗言論の余地なき言論が現実に存在しえないと主張しているわけではない。[26]よって，日本では規制消極論が有力であるとされるが，実質的には，「ブランデンバーグ判決の基準を満たすような人種集団に対する暴力行為の煽動や，侮辱を自己目的とするような特にひどい侮辱的表現を処罰するきわめて限定的な人種差別的表現処罰ならば，規定の文言が明確であるかぎり，日本国憲法の下でも許容される可能性がある」(傍点引用者)という意味での「条件付き合憲論」が有力であるとされる。[27][28]結局のところ，原理的にはヘイト・スピーチ規制の可能性を多くの論者が認めるものの，実際に可罰的な表現の明確性を担保する境界線を引くことの難しさ，すなわち③の明確性に論点が収斂するといっても間違いではないだろう。

そこで，規制積極論の立場からは，処罰範囲の明確性を担保するため，ヘイト・スピーチの害悪に着目し，その害悪性が明白なものに規制を限定することが模索されることとなる（その議論はヘイト・スピーチ規制の保護法益に関わるものであるため，詳細は次章で扱う）。ところが，このことは次のようなジレンマを生

じさせるという。すなわち，「仮に規制を理論的に正当化できたとしても，実際の規制はごく一部の限定的なヘイトスピーチを対象とした極めて狭い範囲のものにならざるをえない。その点は合憲説の論者にとってもジレンマであるし，逆に規制反対派にとっては規制不要論を唱える論拠となっている。つまり，ごく一部のヘイトスピーチを規制するために，つまり極めて小さな効果を追求するために，表現の自由全体の脅威となりうる規制を認めることは合理的でないとも批判されるのである[29]」。これは，「憲法上の許容性と立法することの政策的適否とはまた別の問題である」として，以前から規制消極論からも指摘されていたところである[30]。

■ 明確性と実効性のジレンマ

　結局のところ，現在の学説状況においては，理論上（憲法上）規制の余地があることは否定しえないが，処罰範囲の不明確性の問題をクリアすることには成功していない，もしくは，クリアするほどの限定的な規制では従来の処罰範囲とほぼ変わるところがなく実効性の面で問題を生じさせるというジレンマに陥っているといえる。そこで以下では，他国の刑事規制に関する議論を参考にすることで，明確性の議論に新たな視点をもたらすことができないか検討する。

## Ⅳ　ヘイト・スピーチの歴史性

■ ドイツにおける民衆扇動罪の成立

　ヘイト・スピーチの刑事規制が存在する国家は，世界的にはむしろ多数に属する。では，それらの国家では，表現の自由との関係，とりわけ処罰範囲の明確性の問題はどのように捉えられているのだろうか。この問題を検討するにあたっては，ヘイト・スピーチの歴史性への視座が重要なポイントとなるように思われる。本章では，日本の刑法学が多大な影響を受けているドイツを中心にとりあげる。

　ドイツにおけるヘイト・スピーチの刑事規制に関しては，刑法185条以下の侮辱罪の拡張解釈による集団侮辱罪に言及されることもあるが，やはり刑法130条の民衆扇動罪をその本体とすべきであろう。同罪は，戦後の西ドイツで

反ユダヤ主義的な気勢が高まりをみせるなか，これに対処するべく1960年に新設された規定である。[31]

　民衆扇動罪の制定過程における議論を振り返ると，一方では，「反ユダヤ主義的な表現によって述べられるものの背景には，600万ものユダヤ人虐殺がある」[32]という歴史的事実が強調され，そのようなマイノリティへの迫害の再発防止という目的から，民衆扇動罪の可罰性には広いコンセンサスがあったが，他方で，処罰範囲の拡大を懸念する声もあった。処罰範囲に関する法案の変遷を辿ると，当初は，「公共の平穏を危殆化する態様」での，「人種」等により特定される集団に対する憎悪のかきたて等を処罰する規定が提案された。しかし，公共の平穏の危殆化の立証困難性が実務サイドから指摘されたため，行為態様が「公共の平穏を乱すに適した態様」へと修正され，また，「人種」という文言がナチスを想起させるとの批判から行為客体が「住民の一部」という包括的な文言に変更されることとなった。これらの修正から処罰範囲の拡大が懸念され，本条が政治論争に対する規制にまで濫用される危険性を防止する必要が生じたのである。そこで，限定機能を託されたのが，行為者が当該表現行為によって「人間の尊厳を攻撃する」場合にのみ本罪の成立を認める，「人間の尊厳への攻撃」要件であった。[33]

■「人間の尊厳への攻撃」要件解釈と「過去の克服」政策
　裁判所は，「人間の尊厳への攻撃」要件を，立法者意思に沿うかたちで厳格に解釈し，学説も大枠でこれを支持することで，懸念された処罰範囲の不明確性は生じなかった。連邦通常裁判所によれば，これに該当するのは，「その集団の構成員が人格発展の重要な領域を侵害されるかまたは憲法上の平等原則が軽視されて価値の低い人物として扱われ，共同体におけるその削減不可能な生存権が疑問視されるかまたは相対化される場合」[34]であるとされる。

　注目すべきは，この一見してきわめて抽象度の高い要件の解釈に際して，裁判所が過去のナチス期におけるプロパガンダとの類縁性を具体的な判断材料としていることである。たとえば，市議会選挙期間中，候補者のポスターに「ユダヤ人」と書かれたテープを貼り付け，ポスターの文章を「ハンブルクはそのユダヤ人を選出する」といった内容に改変した事案につき，1967年11月15日ド

イツ連邦通常裁判所は次のように判示した。

> 「被告人はユダヤ人住民の一部に対する憎悪をかきたてた。改変されたポスターの文章は，公衆に対する特定の，知覚可能な思想表明である。ナチスのユダヤ人迫害という歴史的背景を前にすれば，そこには，……被告人の意図と同じく，単なる拒絶や軽蔑以上のものが看取できる。むしろユダヤ人に対する敵愾心をあおるものであり，これは刑法第130条〔旧〕第1号の要件である。個人的性質を有した個人のみに対する行動が問題となっているのではない。……他人を――何らかの重要な――公職から排除し，よって国家共同体における生活の重要な共同形成から排除しようとする者は，その者の人格発展の重要な領域を妨げ，平等原則を軽視することでその者が先の共同体での価値の低い成員だと烙印を押すことになる。よって彼はその者の人格の中核領域を侵害している。ここでも，ユダヤ人同胞を公的生活から排除する同様の要求が，最終的には数百万の人間の虐殺という帰結を伴ったナチス国家におけるユダヤ人迫害を導いた点を顧慮せねばならない」。(〔 〕内および傍点引用者)[35]

学説においても，この点をとらえ，「人間の尊厳への攻撃」要件を解釈するにあたって，当該主張が明らかにナチスのスローガンに遡及し，そのことがナチスによるヨーロッパのユダヤ人虐殺を連想させるものであるか否かが重要な判断基準にされているとの指摘がある[36]。

このような，過去の差別事象との関連性から処罰範囲の具体化，明確化を図るアプローチは，従来の議論ではあまり注目されていないように思われ，参考にすべき点が大きいと考える[37]。

加えて指摘しておくべきは，このようなアプローチを可能にする前提として，当該差別に関する歴史および実態が大規模な調査研究等を通じて社会的に認知されている必要があるということだ。ドイツの民衆扇動罪についていえば，1960年の制定時は，ホロコーストの実態解明，教育改革等による，刑事規制以外の広範な「過去の克服」政策の一環として行われた，いわば「三位一体型立法」「社会的基盤を伴う立法」[38]であったことが指摘できる。翻って，差別に関する大規模な実態解明等が必ずしも進んでいない国家では，そもそもこのようなアプローチが想起されにくいともいえよう。もっとも，「過去の克服」との関連に言及することは特殊ドイツ的な議論であるとの反論が予想されうる。

差別の過去・歴史に過度に敏感なドイツの特殊性として論じるべきか，それに関心を払わない日本の特殊性として論じるべきかは，議論のあるところだろう。この答えを探る傍証として，米国における以下の議論が参考になる。

なお，1960年制定時の民衆扇動罪については，ドイツ基本法5条1項の意見表明の自由の保障とは抵触しないというのがドイツの判例・通説であること，また，欧州人権裁判所の判例においても，60年制定時の民衆扇動罪に該当しうる直接的な差別扇動行為は欧州人権条約10条の表現の自由保障を享受せず，むしろ人種差別的な思想を流布するために10条に依拠することは17条にいう権利の濫用に該当しうるとの判断があることを付言しておく。[39]

■ 米国における歴史的・文脈的アプローチ

米国におけるヘイト・スピーチ規制に関しては，いわゆる「十字架焼却」事例がしばしば争点となる。ここで問題としたいのは，なぜそれがヘイト・スピーチとして認識されうるかということである。すなわち，「多くの日本人には庭先で木製の十字架が燃やされていたとしても，そこから特段のメッセージを読み取ることはできないであろう。しかし，アメリカでは，非白人，とりわけ黒人に対して迫害や暴行予告としての脅迫のメッセージであるという認識が明白に共有されている」。[40] この相違が何に由来するかといえば，それは当該国家社会の歴史に規定されているところが大きいといってよいだろう。

米国において十字架焼却規制に用いられた州法の合憲性をめぐっては，1992年のR.A.V.判決（文面上違憲無効）と2003年のBlack判決（十字架焼却の禁止については合憲）とで結論が分かれた。桧垣伸次は，両判決の相違を歴史的アプローチの有無に着目して次のように説明する。R.A.V.判決法廷意見では，一度もKKK（クー・クラックス・クラン）の名前が登場せず，人種の歴史やアフリカ系アメリカ人家族の十字架焼却への反応等にも無頓着であり，文脈に依存しない没歴史的アプローチがとられている。他方で，Black判決では，KKKの歴史が詳述され，それに関連して十字架焼却の害悪の重大性が指摘されており，文脈に依存した歴史的アプローチがとられている。Black判決では，南部でKlanの影のもとで育った唯一の裁判官であるThomas裁判官の意見により法定の雰囲気が急激に変化したとされており，最高裁の結論が，R.A.V.判決から変化した

理由は，Thomas裁判官の存在に求めるのが妥当である。[41]

　桧垣は，Black判決にみられたこの歴史的アプローチを批判的人種理論の法的実践と捉えたうえで，同理論における「無自覚性」の概念（特権集団・マジョリティ集団が自らの人種的性格・特権についての認識を欠いていること）に論を進める。すなわち，「黒人にとって，人種的抑圧は，差別者の意図や動機とはほとんど独立して存在するものなのである。それゆえ，白人は意図を人種的害悪の本質的な要素と見る傾向があるが，黒人はそうではない。現代社会においては，露骨なレイシズムは不道徳であるとして拒絶される傾向にあるが，より問題となるのは，行為者本人も気が付かない程巧妙に隠蔽された偏見に基づく無意識のレイシズムなのである」。[42]

　桧垣の指摘を敷衍すると，没歴史的・没文脈的なアプローチは，露骨で過激なヘイト・スピーチの表面的な害悪しか意識することができないが，歴史的・文脈的なアプローチは，そのような無自覚性への自覚を促し，ヘイト・スピーチに関するより深い理解を可能にさせるということになろう。ドイツのみならず米国においても，法適用にあたって差別の歴史への言及が解釈に影響を与えうることが示唆される。なお，桧垣は，この無自覚性が日本ではアメリカよりも深刻であるとしている。[43] 前述した日本の特殊性を考慮するうえで，傾聴に値する指摘である。

## Ⅴ　むすびに代えて

### ■議論状況のまとめ

　日本におけるヘイト・スピーチ規制と表現の自由との関係についての議論をまとめると，理論上（憲法上）の規制可能性を否定しない見解が多数である。しかし，いずれの見解も，処罰範囲の不明確性の問題については明確な回答をなしえていない状況にあるといってよい。そして，最大のハードルである明確性をクリアしようと，対象を明白な害悪に限定しようとするほどに，処罰範囲は現行法の可罰範囲に近づき，実効性に乏しくなるというジレンマに陥っている。

　かかる状況に対して，本章で提起したヘイト・スピーチの歴史性への視座を持ち込むことで，今後の議論の発展に資することはできないだろうか。以下で

は，今後のありうる立法論をも視野にいれ，試論を展開してみたい．

■ 不明確性の原因
　ヘイト・スピーチ規制における明確性の問題については，従来から日本でも議論されてきたところではあるが，そこでは見られなかった視点として，ドイツの民衆扇動罪における「人間の尊厳への攻撃」要件に関する判例の解釈が参考になると思われる．何がヘイト・スピーチに該当し，そのヘイト・スピーチがどのような害悪をもたらしうるのかは，当該国家社会の歴史に深く規定されている．これを明らかにすることなしに，ヘイト・スピーチ規制の明確性をいくら議論しても限界があるように思われる．そして，それを明らかにし，意識化していくためには，当該国家社会における差別の歴史も含んだ実態解明およびその社会的認知の取り組みが不可欠であろう．ドイツでは，ホロコーストの実態解明や教育改革等のいわゆる「過去の克服」の取り組みにより，そのような社会基盤整備が行われた．それゆえ「人間の尊厳への攻撃」要件の解釈にあたって，過去のナチス期におけるユダヤ人等の差別や迫害を導いた表現との類縁性を判断することが可能となり，明確性の担保に資することにも繋がったことが示唆される．このような社会基盤の整備から解釈論へのフィードバック効果に注目してみることは無駄ではないだろう．

　翻って日本についていえば，刑事規制の前提として，まずはこうした社会基盤の整備が必要となる．とりわけ日本では差別に関する大規模な実態調査の不足が指摘されており[44]，より喫緊の課題といえよう．従来，規制消極論から，このような立法事実に関わる差別実態の挙証責任が規制積極論に求められることがあった[45]．ここには，前述した「差別的表現」や「ヘイト・スピーチ」からイメージされる認識のズレなども関係しているように思われる．まずは刑事罰を含まない何らかの基本法を制定し，それを根拠法として実態調査・研究を行うといったことが考えられてよいだろう．もちろん，実態調査をすれば即座に明確性を担保しうる類型が抽出可能になるとまで主張するつもりはない．しかし，認識のギャップを埋め，共通の土台で議論をするために必要な地ならし作業である，換言すれば，十分条件ではないが，必要条件ではあるといえよう．

　ただし，そこから処罰範囲の明確性の確保に成功したとしても，刑事規制で

あるかぎりその範囲は補充的，謙抑的であるべきであり，あらゆるヘイト・スピーチを対象とすることはできないだろう。また，かかる限定的な刑事規制が，逆に，可罰的なヘイト・スピーチ以外は許されるとの誤ったメッセージとして受け取られる危険性も払拭できない。仮に刑事規制を検討するとしても，その適用範囲に含まれないものについても，あらかじめ広く救済可能な制度を整備しておく必要があるように思われる。

■ 広義／狭義のヘイト・スピーチ

　ヘイト・スピーチや差別的表現に含まれうるものは，論者によって様々である。あからさまな差別の扇動や激しい罵倒を伴う表現のみならず，マイノリティに対する迫害の歴史の否定，さらにはいわゆるPC（ポリティカル・コレクトネス）でないとされる差別語など，いわゆる「議論のある主張」も問題となりうる。これらすべてを包含しながら，明確性の担保も維持しうる刑事規制の在り方は，きわめて困難なように思われる。他方で，これらを市民社会の自浄作用に一任してしまうこともまた，問題の解決にはつながらないだろう。そこで，司法的介入の対象となる狭義のヘイト・スピーチと，処罰よりも和解・調整を目的とする準司法的介入の対象となる広義のヘイト・スピーチとに区別することが考えられてよい[46]。

　現行法下における差別事件に対する人権救済制度としては，法務省の人権擁護機関による人権相談ならびに人権侵犯事件調査処理制度，司法的救済および各種裁判外紛争処理制度（ADR）等が存在するが，実効的な救済という観点からは，いずれも限界や制約があると指摘されている[47]。新たな制度構築をする必要があるとすれば，現在，パリ原則に基づく国内人権機関の設置が議論されているところであり[48]，そこにヘイト・スピーチ被害の救済も含ませることが考えられる[49]。

　日本でもそのような人権救済機関の構築を目的とするものとして，人権擁護法案や人権委員会設置法案が国会に提出されたが，いずれも廃案となっており，学説からの批判も少なくない。ただし，これらは，政府からの独立が実現されていないなど，パリ原則の要請をみたさない不十分なものであった。また，他国の人権救済機関についても，たとえばカナダの連邦人権法に基づく人

権委員会・人権審判所による救済制度への批判の高まりが紹介されるが，これは同法13条に刑事罰が規定されたことによる，人権法に相応しい救済手段ではない刑罰という性格に対する批判であることが指摘されている[50]。たしかに，「処罰型」ではない「理解促進型」[51]を目的とするはずの人権救済機関が刑事規制に近いものとなっては本末転倒である。実質的な従来型規制のネットワイドニングに陥ってしまうことを避けるためにも，かかる批判は真摯に受けとめるべきである。ただし，ヘイト・スピーチを始めとする差別問題については，従来もっぱら議論されてきた司法的対応よりも，柔軟な対応に開かれた人権救済機関が優れた可能性を有することは否定しえないだろう。社会基盤が未整備なまま不明確性の議論に拘泥するよりは，従来の批判をクリアする実効性ある国内人権機関の在り方を広く議論するほうが生産的であるように思われる。

■ 結　　論

　本章では，現状でヘイト・スピーチの刑事規制を優先的に検討するのは早計であり，表現の自由との関係から処罰範囲の明確性を担保するためにも，その前提として，第一に，差別の実態調査およびその社会的認知が必要であること，第二に，刑事規制以外の広義のヘイト・スピーチにも対応しうる準司法的な人権救済機関が必要であることを主張した。では，これらの施策は表現の自由との関係から問題は生じないであろうか。最後にこれを検討しておきたい。

　人権救済機関の対象を，刑事規制の対象よりも広く捉えるべきだとすれば，不明確性の問題が生じうるようにみえる。もっとも，同機関が処罰型ではなく理解促進型として運用されるのであれば，対象を広く捕捉することは必ずしも不当ではないように思われる。ヘイト・スピーチに対しては，関係の不平等性などから，面前でなされた過激なものに対して対抗言論が困難であることは否定しえない[52]。ただし，害悪の明らかでない表現にまで，公権力が対抗言論を無視して一方的な裁断者として強制介入することには批判が強いといえる。これに対して，不平等な立場にあるマイノリティが当事者として参加し，適切な対抗言論を行使できる「場」を設定する，いわば議論・対話をエンパワーメントする調停手段として人権救済機関の役割を位置づけうるとすれば，その対象が比較的広範にわたっても，対抗言論の原則の趣旨にむしろ合致するものである

から，問題は少ないとみることも不可能ではないように思われる。もっとも，その場合であっても，救済機関の有する強制権限の程度等に応じて，一定の明確性は要請されることになろう。

　表現には表現で対抗すべきであるという対抗言論の原則を主張する見解は，いわゆる「思想の自由市場」を前提としている。しかし，そもそも，「思想の自由市場」論が依拠する経済学の「marketplace」は，完全競争市場を想定したものだとされる。すなわち，市場における参入・退出の自由，財の同質性および情報の完全性といった条件が整備されていなければ成立し得ない仮想の市場である。よって，自由市場論に立脚する場合，完全情報に欠ける状況があれば，政府は各種消費者保護法制を通じてそれを積極的に是正することが求められる。たとえば，明らかな誤情報に基づく風評被害が発生している場合，誤情報発信を処罰することには慎重であるべきだが，自由市場を機能させるためには，一定の正確な知識に基づく安全宣言などが積極的に求められるといえる。差別に関する知識，歴史認識についても同様のことがいえないだろうか。これは，第一の主張である実態解明およびその社会的認知の必要性にも関わる。

　こうした情報を発信することについては，ともすれば表現内容規制に慎重な見解の背後にある正説敵視の原則から異論のあるところかもしれない。すなわち，国家が一方的な裁断者として差別に関する「正統」を押し付けてくることへの懸念である。しかし，ウェブ上などで明らかに歴史的事実に反する荒唐無稽な説が出回っており，それに影響され（差別との自覚なしに）悪質な差別表現，嫌がらせに至った場合が少なからず存在するようであれば，政府から独立した第三者機関等による検証結果を指針として発表することは許されるべきではないか。一つには，政府から独立した機関による調査および発表とする点で，もう一つには，その調査結果にそぐわないHPや書き込みの直接的規制・削除を目的としない点で，正説敵視原則との抵触は避けられるように思われる。

　「どこまでが（可罰的な）ヘイト・スピーチかわからない」といわれる理由の一端には，そもそも日本におけるヘイト・スピーチやその背後にある差別の歴史に対する社会的認知の不足がある。ヘイト・スピーチ規制に消極的である特殊日本的な状況の一因は，ここに求められるのではないだろうか。差別の歴史を含んだ実態調査およびその社会的認知を図っていくことは，日本における

様々なレベルでの「無自覚性」を解消していく作業ともいいうる。

〔註〕
1） 座談会（江橋崇・浦部法穂・内野正幸・横田耕一）「『差別的表現』は法的に規制すべきか」法律時報64巻9号（1992年）16頁以下〔横田発言〕。
2） 従来は，日本の状況に関する次のような認識が一般的であったように思われる。「米国においてヘイト・スピーチを規制できると考えられるのは，そうした言論が暴力・暴動を惹起し平穏を害する場合か，歴史的経緯からしてある象徴的言論が真の脅迫や身体的暴力に該当すると評価できる場合であった。一方，日本における投書，落書きやインターネットなどにある差別的表現は，米国の事例のように，暴力・暴動を引き起こし平穏を害すると言えるのであろうか，また歴史的経緯から言って真の脅迫や身体的暴力と評価できるのであろうか。また差別的表現による暴動の惹起は，具体的危険を生じさせているのであろうか。本来であればこれらについても綿密な検証を要するが，少なくとも現時点では，日本の差別的表現がこのような性格を持つものとはにわかに肯定できないように思われる。」榎透「米国におけるヘイト・スピーチ規制の背景」専修法学論集96号（2006年）102頁以下。
3） 梶原健佑は，「action, conduct」あるいは「unprotected speech」に該当するために「当該表現は憲法が保障する表現（言論）ではない」という接近法に「境界線論」という名を付して議論を展開している。梶原健佑「ヘイト・スピーチと『表現』の境界」九大法学94号（2007年）52頁。もっとも，本章では，それ以外にも，当該表現が憲法上の保護を受けることを前提に，しかし別の保護法益との個別衡量の結果，制限が許容される際の線引きも含めた意味で「境界線」という用語を使用している。
4） 曽根威彦『表現の自由と刑事規制』（一粒社，1985年）参照。
5） 平川宗信『名誉毀損罪と表現の自由』（有斐閣，1983年）42頁以下参照。
6） 前掲註5）平川・65頁。
7） 前掲註5）平川・85頁以下参照。
8） 憲法学では名誉毀損の刑事規制それ自体に疑義を呈し民事に一本化すべきとの見解もある。奥平康弘『ジャーナリズムと法』（新世社，1997年）140頁以下参照。なお，刑法学においても，佐伯仁志は，民事の賠償額を上げることで刑罰の使用を控えていくことも今後の方向性として十分考慮に値するとしている。ただし，それは表現の自由というよりも制裁の多様化という文脈での主張である。佐伯仁志・道垣内弘人『刑法と民法の対話』（有斐閣，2001年）298頁。
9） 宮内裕「煽動罪などの表現犯罪の危険性について」団藤重光・平場安治・鴨良弼編『木村亀二博士還暦祝賀・刑事法学の基本問題（下）』（有斐閣，1958年）774頁。ただし，「わが国の判例では，ホイットニー事件におけるブランダイスの宣言などにみるごとく，表現の自由を何故尊重せねばならぬかという，政治的・社会的見解の詳細な論述はないが，いずれにせよこのような思想に立脚した法解釈的帰結であろうことは，疑われえない」としている。
10） 前掲註9）宮内・775頁以下。
11） 曽根威彦「破壊活動防止法のせん動罪処罰規定の合憲性」判例評論391号（1995年）56頁以下。なお，「明白かつ現在の危険」法理からブランデンバーグ原則への展開過程については，前掲註4）曽根・13頁以下も参照。
12） 最判平成2年9月28日（刑集44巻6号463頁以下）。
13） 前掲註11）曽根論文および平川宗信「破壊活動防止法39条及び40条のせん動を処罰する規

定と憲法21条1項」警察研究63巻5号（1992年）42頁以下など参照．

14）「わが国には，アメリカのようなあからさまに党派的な内容規制は少なく，むしろ（立川テント村事件に典型的に見られたように），中立的規制に不正な動機を忍び込ませる例が多く見られる」と指摘するものとして，奈須祐治「アメリカ合衆国憲法修正1条の射程──言論の自由法理の構造に関する比較法的考察」佐賀大学経済論集41巻3号（2008年）108頁．石埼学「政治的表現の自由と市民社会──立川反戦ビラ事件最高裁判決批判」法と民主主義430号（2008年）28頁以下も参照．

15）日本の憲法学が主としてアメリカ判例法理にのみ依拠し，ヘイト・スピーチ規制に消極的であることを批判するものとして，前田朗「差別表現の自由はあるか㈠〜㈣」統一評論560〜563号（2012年）参照．

16）差別禁止法制定に対する日本の学界の消極的な態度は，アメリカを口実とした特殊日本的な議論であり，日本の「表現の自由」には逆転現象がみられるとするものとして，内田博文「差別禁止法と表現の自由の観点から」ヒューマンライツ306号（2013年）37頁以下．

17）日本でも差別解消積極主義の世界的潮流を受けとめ，議論する必要があるが，政府が動けない理由は日本の憲法状況にあるとし，「憲法論議の活性化がみられないことがそれである．とりわけ，差別的言論については，その規制をめぐり生じる争点が，激しい見解の対立を生む性格をもっているために，ともすれば避けて通りたいという日本的風土が支配するように思われてならない」と指摘するものとして，戸松秀典「表現の自由と差別的言論」ジュリスト1022号（1993年）62頁．

18）第20条2項　差別，敵意又は暴力の扇動となる国民的，人種的又は宗教的憎悪の唱道は，法律で禁止する．

19）吉川経夫「国際人権規約と刑事法」鈴木茂嗣ほか編『平場安治博士還暦祝賀　現代の刑事法学（上）』（有斐閣，1977年）424頁以下．また，前野育三「市民社会と法──法規制の効果と限界」部落問題研究86号（1986年）14頁以下も参照．

20）第4条　締約国は，一の人種の優越性若しくは一の皮膚の色若しくは種族的出身の人の集団の優越性の思想若しくは理論に基づくあらゆる宣伝及び団体又は人種的憎悪及び人種差別（形態のいかんを問わない．）を正当化し若しくは助長することを企てるあらゆる宣伝及び団体を非難し，また，このような差別のあらゆる扇動又は行為を根絶することを目的とする迅速かつ積極的な措置をとることを約束する．このため，締約国は，世界人権宣言に具現された原則及び次条に明示的に定める権利に十分な考慮を払って，特に次のことを行う．
　(a)人種的優越又は憎悪に基づく思想のあらゆる流布，人種差別の扇動，いかなる人種若しくは皮膚の色若しくは種族的出身を異にする人の集団に対するものであるかを問わずすべての暴力行為又はその行為の扇動及び人種主義に基づく活動に対する資金援助を含むいかなる援助の提供も，法律で処罰すべき犯罪であることを宣言すること．
　(b)人種差別を助長し及び扇動する団体及び組織的宣伝活動その他のすべての宣伝活動を違法であるとして禁止するものとし，このような団体又は活動への参加が法律で処罰すべき犯罪であることを認めること．

21）平川宗信「差別表現と「個人の尊重」」部落解放研究所『憲法と部落問題』（解放出版社，1986年）281頁．

22）平川宗信『刑法各論』（有斐閣，1995年）271頁．

23）金尚均「ヘイトクライムと人権──いまそこにある民族差別」石埼学・遠藤比呂通編『沈黙する人権』（法律文化社，2012年）182頁以下．

24）金尚均「名誉毀損罪と侮辱罪の間隙」立命館法学345・346号（2012年）323頁．

25) 奈須祐治「わが国におけるヘイト・スピーチの法規制の可能性」法学セミナー 707号（2013年）27頁。
26) 市川正人『表現の自由の法理』（日本評論社，2003年）58頁以下など参照。
27) 前掲註26) 市川・63頁。
28) 奈須祐治「ヘイト・スピーチ (hate speech) の規制と表現の自由――『内容中立性原則 (content neutrality principle)』の射程」関西大学法学論集50巻6号（2001年）245頁。
29) 小谷順子「アメリカにおけるヘイトスピーチ規制」駒村圭吾・鈴木秀美編著『表現の自由 I　状況へ』（尚学社，2011年）472頁以下。
30) 前掲註26) 市川・63頁。また，桧垣伸次「ヘイト・スピーチ規制論について――言論の自由と反人種主義との相克」http://synodos.jp/society/5010（最終アクセス日：2014年3月20日）にも同様の指摘がある。
31) 詳細については，櫻庭総『ドイツにおける民衆扇動罪と過去の克服』（福村出版，2012年）参照。
32) 1959年4月8日の大刑法委員会第126回会議における，民数扇動罪法案に関するボッケルマンの主張。Vgl. Niederschriften über die Sitzungender Grossen Strafrechtskommission,13. Bd., BT, 2. Lesung, 1960, S.121. したがって，草案理由書でも基本法との関係で言及されたのは第3条の差別の禁止，平等原則であって，第5条の意見表明の自由との関係は問題とされていなかった。Vgl. BT-Drs. 1/1307, S. 43f.
33) BT-Drs. 3/1746. S. 3.
34) BGH, NJW 1961, S.1364.
35) BGH, MDR 1968, S.255.
36) Clivia von Dewitz, NS-Gedankengut und Strafrecht, Berlin 2006, S. 182f.; Wilhelm Römer, Nochmals: Werden Gastarbeiter und andere Ausländer durch §130 StGB gegen Volksverhetzung wirksam geschützt?, NJW 1971, S. 1736.
37) もちろん，人間の尊厳への攻撃要件に関する論点はこれがすべてではないが，日本の議論を考えるにあたっての視点としては重要と考えるため，本章ではこの論点に絞ってとりあげることとした。
38) 詳細については，前掲註31) 櫻庭・第2章および櫻庭総「ドイツにおける民衆扇動罪の歴史的展開と現代の動向」龍谷大学矯正・保護総合センター研究年報2号（2012年）23頁参照。
39) 詳細については，前掲註31) 櫻庭・第5章および第7章参照。
40) 前掲註3) 梶原・94頁。
41) 桧垣伸次「ヘイト・スピーチ規制と批判的人種理論」同志社法学61巻7号（2010年）250頁。なお，ヘイト・スピーチ規制論における「歴史的・社会的脈絡重視型」アプローチと「歴史的・社会的脈絡捨象型」のそれとの区別については，安西文雄「ヘイト・スピーチ規制と表現の自由」立教法学59号（2001年）36頁も参照。
42) 前掲註41) 桧垣「ヘイト・スピーチ規制と批判的人種理論」260頁。
43) 「従来の日本の議論の傾向は，日本において社会に人種問題が存在することに無自覚であり，このことの背景には，『マイノリティの「無自覚性」という枠組み』がアメリカよりも深刻であることがあるように思われる。ある論者は，『日本では，自らの特権性に無自覚である以前にそもそも社会に人種問題が存在すること自体に無自覚である（単一民族神話ゆえに）という意味でのより根源的な（二重の？）「透明性」が存在する』と指摘している」とされる。前掲註41) 桧垣「ヘイト・スピーチ規制と批判的人種理論」262頁。
44) 師岡康子「人種差別を克服するための国際人権基準に合致する法制度の検討」前田朗編『な

ぜ，いまヘイト・スピーチなのか』（三一書房，2013年）192頁など参照。
45) 「こうしたことを理由とする『思想の自由市場』論の射程の限界が認められるためには，少なくともわが国において，今日，ある特定の少数者集団についてきわめて強い偏見がもたれているために，当該集団に属する者が反論するためにカミングアウトすることがきわめて困難であること，多数者集団の中から差別的表現に対して意味ある批判がなされるとはほとんど期待できないこと，差別的表現に対する反論や批判が聞き入れられるどころか，逆に市民の偏見を強化することになる可能性が高いことが，事実に基づき論証される必要があるだろう。……日本社会がそこまで差別と偏見に満ち満ちているということは差別的表現処罰法支持論者によって証明されていない。」（傍点原文）前掲註26）市川・60頁。また，前掲註2）榎・103頁も参照。
46) 高齢者虐待を論じたものであるが，強制権限を行使する場合の虐待の定義は狭い厳格なものにし，広義の虐待は福祉的対応で幅広く捕捉するという二段階の定義を提案するものとして，萩原清子「あいまい概念としての『高齢者虐待』とその対応——虐待の定義と虐待の判断基準との再構築に向けて」関東学院大学文学部紀要117号（2009年）149頁。
47) 人権擁護推進審議会による答申「人権救済制度の在り方について」（2001年5月25日）参照。また，ヘイト・スピーチに対する民事救済の困難性については，山本敬三「差別表現・憎悪表現の禁止と民事救済の可能性」国際人権24号（2013年）77頁以下も参照。
48) 国内人権機関については，山崎公士『国内人権機関の意義と役割』（三省堂，2012年）など参照。
49) ヘイト・スピーチ問題における国内人権機関の意義を論じるものとして，師岡康子『ヘイト・スピーチとは何か』（岩波新書，2013年）187頁以下など参照。
50) 小谷順子「カナダにおけるヘイトスピーチ（憎悪表現）規制——国内人権機関の役割」国際人権24号（2013年）51頁。
51) 「処罰型」と「理解促進型」の区別については，内田博文『求められる人権救済法制の論点』（解放出版社，2006年）55頁以下参照。
52) 市川も，特にひどい侮蔑的表現については，対抗言論の原則の限界を認める。前掲註26）市川・59頁。
53) ジョセフ・E・スティグリッツ＝カール・E・ウォルシュ（藪下史郎ほか訳）『スティグリッツ 入門経済学（第4版）』（東洋経済新報社，2012年）209頁以下および215頁以下参照。
54) 正説敵視の原則とは，政府が正しいと思う考えを強制することの禁止であり，米国連邦最高裁の表現内容中立性原則の核心にあるものとされる。連邦最高裁が敵視されるべき「正説」としてきたものには，国旗敬礼，特定の宗教的教義に従った教育，正しい性道徳の在り方等が含まれるという。奈須祐治「表現の自由保障における内容中立性原則（Content Neutrality Principle）の一考察」関西大学法学論集50巻6号（2003年）517頁以下参照。
55) ここでは憲法学上の「政府言論」の法理との関係も問題となり得よう。
56) 次のような指摘もなされている。「日本と諸外国とでヘイトスピーチ規制について差異が生じた理由は，アメリカと同様に表現の自由の優越を自明のものとしたとの理由だけではなく，問題の出発点としての差別の現実を直視しているか否かとの指摘がある。……日本政府は，アイヌ民族についてやっと1987年以降民族的マイノリティと認めただけで，在日コリアン等を民族的マイノリティとすら認めておらず，また，全国的な差別の実態調査はもちろん，民族別の人口調査も行っていない。／差別の実態に向き合うという出発点に立つことから始めるべきではないだろうか。」関東弁護士連合会編『外国人の人権——外国人の直面する困難の解決をめざして』（明石書店，2012年）255頁。

第 **8** 章

# 名誉に対する罪によるヘイト・スピーチ規制の可能性
ヘイト・スピーチの構造性を問うべき次元

櫻庭　総

## I　問題の所在

　前章の冒頭で確認したように，ヘイト・スピーチ規制論議において，「ヘイト・スピーチが悪い（良くない）のは当然である」との前提は，規制に消極・積極いずれの立場でも広く共有されているようにみえる。そこから，前者は「しかし，それを法規制することはより深刻な問題を生じさせる」と，後者は「だからこそ，法規制すべきである」と結論が分かれる。
　では，ヘイト・スピーチの「何が」「なぜ」悪い（良くない）のだろうか。このようにさらに問いを立てたとき，その答えは論者によって様々であり，統一的なコンセンサスを導くことはきわめて困難となる。たとえば，近時，新大久保や鶴橋での排外主義的街宣がマスメディアで取り上げられ社会問題化したが，そこで行われている出来事のどの点を問題視するかによって，法規制の趣旨は大きく異なってくるように思われる。ヘイト・スピーチ規制に関する議論を，処罰範囲をめぐる論争に終始させず，より根源的な問題の解消をも見据えた生産的なものにするためにも，そこで本質的に問題とすべき被害・害悪が何であるか，したがってまた，それを規制する目的が何であるかを明らかにする必要がある。
　これは，刑法学の領域に引きつけていえば，ヘイト・スピーチ規制の保護法益に関する検討であると，さしあたりはリステイトできよう。そこで本章では，ヘイト・スピーチによる侵害法益を個人的法益に求める方向性と，それ以外の社会的法益に求める方向性とに区別して論じてみたい。
　以下では，まず個人的法益に求める方向性(Ⅱ)および社会的法益に求める方向性(Ⅲ)を概観し，それぞれの問題点を明らかにする。次いで，ヘイト・スピー

チの被害・害悪を検討するうえで本質的であると思われる，ヘイト・スピーチ の構造性を指摘する見解に焦点をあてる(Ⅳ)。最後に，ヘイト・スピーチの害 悪および構造性をどのように捉えるべきか，そして，それに対してどの次元の 法政策で対応すべきかにつき，若干の検討を行う(Ⅴ)。

## Ⅱ 個人的法益侵害としてのヘイト・スピーチ

### ■ヘイト・スピーチの諸類型

「ヘイト・スピーチ」という概念が用いられ始めたのは主に社会学の領域か らであり，法学における統一的定義はいまだ存在しないようである。さしあた り本章では，「人種，国籍等の一定の諸特徴を理由とした偏見に基づく，人間 又は人間集団に対する表現による攻撃」[1]と広く捉えておく。かかる意味でのヘ イト・スピーチに該当しうるとされる行為類型も論者によって様々である。主 に論じられるのは，①個人ないし集団に対する侮辱・名誉毀損罪型（「お前or ○○人は××だ」）および②個人ないし集団への憎悪・差別的取扱い等の扇動罪 型（「あいつ or ○○人を日本から叩き出せ」）の表現であるが，それ以外にも，③ 人種等を理由としたハラスメント，さらには④ホロコースト等の歴史的事実を 否定する表現（「アウシュヴィッツにガス室は存在しなかった」）などもヘイト・ス ピーチ問題として言及されることがある。いわゆる「差別用語」[2]（PCでないとさ れる用語）までをも③に含ませうるかは大いに問題であるが[3]，このような広い 意味に捉える場合，基本的には「差別的表現」と大部分が重複するといってよ い[4]。

日本の現行法では，ヘイト・スピーチをそれ自体として処罰する，つまり， 人種等の特徴を理由とした偏見に基づく表現を特別に処罰する刑罰法規は存在 しない。ただし，上述した諸類型の表現が現行法下でも可罰的である場合はあ りうる。比較的容易に想起されるのは，①個人に対する侮辱・名誉毀損型表現 と刑法の名誉毀損罪，侮辱罪との関係である。京都朝鮮学校襲撃事件の刑事事 件判決においても，威力業務妨害罪等のほか，侮辱罪の成立が認められた[5]。そ こで，名誉に対する罪である名誉毀損罪，侮辱罪との関連から論じることにす る。

■ 名誉に対する罪の限界

　刑法はその230条で，公然と事実を摘示し，人の名誉を毀損する行為について，その事実の有無にかかわらず名誉毀損罪とし，231条で，事実を摘示しなくとも，公然と人を侮辱した場合に侮辱罪とする。これらはいずれも名誉に対する罪であり，憲法13条から導かれる人格的利益としての名誉を保護するものと解されている。ただし，そこでいう保護法益としての名誉については，学説上，①内部的名誉（外部の評価とは独立した「人の真価」），②外部的名誉ないし社会的名誉（人に対する社会的評価），③主観的名誉（本人の名誉感情）に区別される。内部的名誉は，本人以外の他人によって侵害することは不可能であるから刑法の保護対象ではないとされ，名誉毀損罪および侮辱罪の保護法益をいずれも外部的名誉とみる多数説と，侮辱罪の保護法益については主観的名誉と解する少数説に分かれる。少数説に対しては，侮辱罪についても公然性の要件が規定されていること，名誉感情を持たない幼児や法人に対する侮辱罪が不成立となることの不合理性などの批判が加えられている。

　外部的名誉を保護法益とした場合，さらに，これを事実的名誉（事実として流布している社会的評価，世評）と捉えるか，規範的名誉（あるべき社会的評価）と捉えるかで対立がある。刑法230条は「その事実の有無にかかわらず」名誉毀損罪の成立を認めることから，そこではいわゆる「虚名」も保護の対象とされていると考えられるとして，外部的名誉は事実的名誉を意味すると解するのが多数説である。なお，名誉毀損罪の条文には「名誉を毀損した」と規定されているが，判例・多数説は，実際に社会的評価が低下したことの認定が困難であること等から，名誉が現実に侵害されることは要しないとして，本罪を危険犯と解している。

　名誉毀損罪の客体は「人」の名誉である。たとえ名誉感情をもたない幼児であっても外部的名誉を有することから，「人」にはあらゆる自然人が含まれる。判例は，これに加えて法人などの団体も含まれるとする。多数説もこれに従うが，ただし，法人などの団体は，その存在と活動が社会的実体を伴った単一的評価の客体であるがゆえに，その社会的評価も保護に値するとされる。よって，名誉の主体となりうるには，単一の評価が成立しうるという意味で特定されたものである必要があるとされ，「○○人」といった独立性のない不特定集

団は該当しないとする[9]。このような判例・多数説の論理に従うかぎりでは、たとえば「朝鮮人は××だ」といった形での名誉毀損、侮辱は不可罰ということになる。ただし、他の事情から特定人を推知しうる場合など、個々の構成員に対する名誉毀損罪として構成しうる場合も考えられないではないが[10]、きわめて例外的なものにとどまるであろう[11]。しかし、ヘイト・スピーチの事例では、往々にして個人ではなく、不特定集団に対する表現が問題となる。そこで、学説からは、集団侮辱罪の新設が提言されることとなる。

■ 集団侮辱罪の提言①：内野説

憲法学からの具体的な提言としては、内野正幸による私案がある。全4項からなる私案のうち、なかでも重要なのは、「日本国内に在住している、身分的出身、人種または民族によって識別される少数者集団をことさらに侮辱する意図をもって、その集団を侮辱した者は、……の刑に処す」と、特定の個人ではなく集団に対する罪を規定する第1項である[12]。ただし、内野はあくまで侮辱罪の保護法益を個人の名誉感情と捉える。それは、一方で、社会的名誉の侵害が差別的表現の本質的問題とはいいがたく、他方で、名誉感情は普遍的名誉と比べ、その内容がより具体的であるからだとされる。そのうえで、法律学的には、差別的表現の禁止を正当化する対抗利益は、集団に帰属する抽象的なものより、集団内の具体的な諸個人に属するものとして捉えるべきであるとする。よって、差別的表現は、本質的に、被差別者諸個人の名誉感情を害する性格のものであるが、「不特定かつ多数の人々の集合体に向けられた差別表現の場合、そのなかに名誉感情を害せられる被害者が少なからず含まれているはずであるから、この場合、差別的表現を侮辱罪の延長線上に位置する犯罪、いわば少数者集団侮辱罪として捉えることに、支障はない」とされる[13]。

前章で確認したように、ヘイト・スピーチ規制については、不明確性の問題がつきまとってきた。内野も、処罰範囲を厳しく限定してはじめて規制が合憲になると解すべきであるとし、限定要件の工夫として「ことさらに侮辱する意図」という文言の採用をあげている。よって、その適用対象となるのは、きわめて悪質な落書きなど偏執的差別主義者の表現活動だけであるとされ、むしろ処罰対象が狭すぎるのではないかとの批判が予想されるとしている[14]。また、差

別的表現が「○○県人はなまけ者が多い」といった発言と質的に異なる理由として，歴史的にひどい差別と偏見にさらされてきた人々は，大きな心の痛みや怒りを感じるであろうことをあげている[15]。

このように憲法適合性を考慮して法益を具体性のあるものにするなど，限定的な提案であるとされた内野案だが，それでも憲法学からは，萎縮効果や恣意的運用を生まないように明確な線引きを行っているとは思われないなどの批判が加えられている[16]。また，刑法学的にも，限定の指標を「意図」や「感情の大小」といった主観的要件に求めることの問題を指摘できよう[17]。

また，近年は関東弁護士会連合会シンポジウム委員会による規制案も示されている。これは，名誉毀損罪，侮辱罪の対象を「人」から「人種，皮膚の色，世系又は民族的もしくは種族的出身に基づいて識別される少数者集団」へと拡張するものである[18]。ただし，「ヘイト・スピーチは，それが特定個人に向けられたものでなくても……，攻撃対象となった少数者集団の構成員らの名誉または尊厳を現実に毀損している」との説明から，あくまで保護法益は個人の名誉（または尊厳）と解されている[19]。

### ■集団侮辱罪の提言②：平川説

刑法学からも，具体的な条文案こそ示されないものの，同じく集団侮辱罪の新設を提言する見解がみられる。

平川宗信は，名誉を理念的名誉，規範的名誉，事実的名誉に区別し，事実的名誉には社会的名誉，主観的名誉のほかに普遍的名誉（人間の尊厳が尊重・保持された状態）が含まれるとしたうえで，侮辱罪の保護法益を普遍的名誉（人間の尊厳な状態）と解すべきだとする[20]。その意味するところは次の通りである。従来，侮辱には，そもそも人間を人間として認めない表現と，とくにすぐれた人格的価値をもつ人に対してそれを否定する表現とが認められてきた。しかし，後者は，社会的地位の高い人物の「権威」や「体面」を刑法で保護することになり，妥当でない。むしろ，侮辱罪の保護法益を人間の尊厳とした場合，侮辱に該当する表現は前者に限られる。たとえば，差別語で呼んだり，動物にたとえたりして他人の人間としての価値を否定する差別的表現が，これにあたる。侮辱罪による処罰は，このような当罰性の高い行為に限定すべきである。人間の

尊厳は万人に認められるため，侮辱罪規定による保護は万人に平等にいきわたるが，実質的には，とりわけ社会的弱者にとって利益が大きいであろう。なぜなら，こうした表現は人種等を理由に差別されている人々などに対してなされることが少なくなく，また，その場合が最も悪質であるからに他ならない。なお，侮辱の対象となる「人」は，すべての自然人であるが，法人は，人間の尊厳が認められないから，「人」には含まれないと解する。[21]

このような理解を前提に，平川は，集団侮辱罪の犯罪化を提唱する。すなわち，独立性のない集団に対しては，名誉毀損罪・侮辱罪は成立しないと解されるが，集団に対する差別的名誉毀損・侮辱は，差別意思・差別感情の表示を本質とするものであり，その根底には被差別者の人間の尊厳の否定がある。それゆえ，集団に対する差別的名誉毀損・侮辱は，これを集団構成員の人間の尊厳の否定に還元してとらえることが可能である。つまり，集団に対する侮辱を通じて間接的に構成員の人間の尊厳を侵害する行為としてとらえられるのであり，「集団侮辱罪」を侮辱罪の延長線上で犯罪化することは，必ずしも不当ではない。[22]

平川は，加えて，侮辱罪の処罰を人間の尊厳を害する悪質な表現に限定する場合，法定刑の若干の引き上げも必要であると提案している。[23] ただし，他方で，差別的表現などは一時の激情や社会的偏見の影響からなされることが多いこと等を考えると，これを重く処罰する必要は薄いとも指摘されていることに注意[24]を払っておく。

■集団侮辱罪の提言③：楠本説

これに対して近年，楠本孝は，このような弱い立場にある人々の保護に資するため人間の尊厳な状態の侵害として侮辱罪を再構成する平川説を評価しつつ，しかし，その当罰性の評価が軽すぎると次のように批判する。平川は，同じ表現を手段とした犯罪でも，侮辱は人間の尊厳を攻撃したに過ぎないから軽く，名誉毀損はそこに社会的名誉の侵害も含んでいるためにより重いとするが，本来は，人間の尊厳の重要性に比べれば，人の外部的名誉など取るに足りないものである。人間の尊厳への攻撃は，その人物の上っ面の中傷ではなく，アイデンティティそのものを破壊するほどに人格の深い部分にまで及ぶものと

理解すべきである。また，平川は，侮辱は人間の尊厳それ自体ではなく人間の尊厳な状態を侵害するにとどまっているため軽い犯罪だとするが，規範は事実と無関係に存在するものではなく，ある人々の「人間の尊厳な状態」が現実に脅かされているにもかかわらずそれを放置することは，その人々の「人間の尊厳」それ自体が脅かされているのである。差別的表現というものは，被差別部落の出身，在日朝鮮人というように，その人の責任において変更することのできない人格の一部分を取り上げて，その人の人格全体を攻撃するものであり，被害者の共同体の中での平等な生存権を否定する行為であって，名誉毀損や暴行と比べて決して軽い犯罪とは言えない。[25]

そこから楠本は，ドイツにおける集団侮辱罪の解釈および民衆扇動罪の「人間の尊厳への攻撃」要件に関する解釈を参照したうえで，あるべき集団侮辱罪の方向性を次のように説く。第一に，集団的特徴を掲げて集団そのものを侮辱する表現が，その集団の個々の構成員に対する侮辱と言えるためには，当該表現が集団のすべての構成員に共通する，それに基づき公衆から明確に区別しうるメルクマールと結びついていることが必要である。その際には，集団の数よりもむしろ質の問題，すなわち客観的に見て差別に敏感な人々の集団とみなしうるか否かが重要である。そのような集団では，集団に対する侮辱の効果が個々の構成員にまで波及しやすいといえるからである。集団の構成員に共通するメルクマールのために集団全体が歴史的に厳しい差別の対象とされ，そのことが集団の個々の構成員の人格の一部となっている場合というのは，それを本人が自ら選びとったのではなく，どうしようもなく決定されている場合が多い。本人にはどうしようもない人格の核心領域を指して行われる誹謗は，「共同体内での同じ価値をもった人格としての生存権」たる社会的生存権を否定することに他ならず，したがって，第二に，こうした集団侮辱は人間の尊厳に対する罪として構成することがふさわしい。これを在特会の京都朝鮮学校への集団侮辱事件に当てはめると，もし，襲撃を受けた学校の生徒の中に，自分はこの国で他の人間と同じ価値をもった人間として扱われないのではないかと感じたものがいたとすれば，それは被告人らの言葉によって，その子どもたちの人間の尊厳が脅かされているといえる。[26]

楠本説は，平川による集団侮辱罪の提言を発展させ，被差別集団の被害の深

刻さをより丹念に論証しようとするものである。もっとも，対象が単なる「○○県人」ではない被差別集団に限定しうる根拠として，差別への「敏感さ」や，同じ人間として扱われないと「感じた」か否かが言及されており，その点では従来の内野説とそれほど変わらないようにも思われる。

■ 集団侮辱罪の問題点

　これらの見解は，マイノリティ集団が歴史的に差別され，ヘイト・スピーチないし差別的表現の対象となってきたことに鑑み，これを特別に処罰するための提言といえる。ただし，集団侮辱罪も集団それ自体ではなく，あくまで集団の構成員個人との関連性から構成されるため，その侵害法益は個人的法益として構成される。したがって，マイノリティ集団のブルネラビリティ（傷つきやすさ）が，内野説や楠本説では，結局のところ個人の感情・感受性の強弱といった点に求められることになる。もしこの方向で刑事規制が実現した場合，裁判実務ではもっぱら被害感情の強弱に論点が収斂する可能性があり，論者がそもそも規制の理由として言及する当該マイノリティ集団に対する差別の歴史等がどの程度考慮されるかは定かでない。これに対して，近年，ドイツの民衆扇動罪などを参照し，ヘイト・スピーチ規制の保護法益を社会的法益に属すると再構成すべきであるとの見解も提起されている[27]。したがって，ヘイト・スピーチを社会的法益侵害と捉えるドイツにおける民衆扇動罪の検討に移ることとする。

## Ⅲ　社会的法益侵害としてのヘイト・スピーチ

■ ドイツにおける民衆扇動罪の位置づけ

　前章でもふれたとおり，ドイツにおける刑法130条の民衆扇動罪は，当時の反ユダヤ主義的，排外主義的潮流の高まりに対処するため1960年に制定された規定である。なお，本条はその後，数度の改正を経ており，現在は全6項からなる大部の条文となっている[28]。本章では，そのうち，60年制定時の規定である（とはいえ，正確には後の改正による文言の変更はある）現在の1項をとりわけ「民衆扇動罪」と呼ぶこととし，1994年の改正時に新設された3項部分を「ホロコースト否定罪」として区別する。日本では両者を同罪として扱う傾向があるが，

後述するように，両罪は「人間の尊厳への攻撃」要件の有無をはじめとして，その制定過程も，解釈論上の評価も大きく異なる。
　民衆扇動罪はその成立まで複数の草案提出・修正を経ているが，立法過程での議論において本章が注目すべき特徴の一つは，同罪の文言に関しては刑法185条以下の侮辱罪の諸規定を参照しているところがあるものの，その罪質は個人に対する侮辱とは異なり，より高い不法を有しているとされたことである。たとえば，刑法130条改正案の出発点である1950年の第 1 次刑法改正政府草案における民衆扇動罪に関する理由書では，規定の必要性が次のように説かれている。

> 「ナチスの人種理論による熱情の攪乱に鑑みると，今後も往々にして民衆扇動的な表現が生じることが容易に想定される。このナチスの後遺症以外にも，今日のドイツにはその他の多くの緊張関係，とりわけ住民と難民との間のそれが存在している。よって，この緊張関係がドイツの生活共同体の基礎を揺るがす対立へと至らないための安全が創出されねばならない。」

この立法趣旨を受け，法定刑は次のように説明されている。

> 「刑罰はいずれの事案でも 3 月以上の軽懲役となっている。この高い法定刑によって，基本法第 3 条第 1 項の基本権〔法の前の平等〕に厳粛に規定されているように，あらゆる住民集団が平等であるという意識が公衆に強烈にもたらされるべきである。したがって，特徴づけられた住民集団が，公衆のなかで扇動によって攻撃を受けるか又は品位を貶められる場合，公共の平穏のために高い法定刑をもって処罰が行われねばならない。このような住民集団に向けられた攻撃は往々にして，個人に対して，その者が集団に帰属していることを理由に向けられることから，さしあたり個々の構成員に向けられた攻撃が同時に集団全体に該当する場合でもある。他方，個人に対する攻撃が，その者の個人的な性質や状況に向けられるものであれば，個人の保護を保障する一般的名誉保護法〔侮辱罪等〕が適用されるに過ぎない。」[29]（〔　〕内引用者）

　民衆扇動罪の立法過程では，その第一の目的としてナチス思想の復興によるユダヤ人等の迫害の阻止がかかげられ，この目的を受け，同罪が単なる侮辱とは異なる，より高い不法を有することが意識的に確認され，その趣旨が刑法典

第7章の「公共の秩序に対する罪」という位置づけに帰着することとなったのである。

■ 民衆扇動罪の保護法益

　民衆扇動罪の保護法益は，したがって，「公共の平穏」であるとする見解が多い。これは，たしかに刑法典における同罪の位置づけおよび立法者意思に沿う理解ではある。[30] しかし，公共の平穏概念には批判も強い。公共の平穏は客観的要素と主観的要素から成り，「公衆の法的安定性及び市民の平安な共同生活という状態であると同時に，その状態が持続することへの住民の信頼に基づいた安全感情」であるとされている。[31] これに対して，そこでの客観的要素は「任意の規範に反するという結果でしかなく，なんら独自の法益とはいえず」，主観的要素も「多数の人間の感情の状態ではなく，純規範的概念」にすぎないため，ともすれば刑法が自己目的化する危険があると批判されるのである。[32] よって，民衆扇動罪についても，その保護法益を第一義的には「人間の尊厳」とし，「公共の平穏」は間接的にのみ保護されるとする見解が提起された。すなわち，重大な個人的法益のあらゆる侵害についても，公共の平穏の危殆化があると言いうるため，そのような公共の平穏の保護はせいぜい刑罰法規一般の基本的な目的に過ぎず，それを保護法益とすることは結局のところ政治目的のパラフレーズでしかないというのである。[33] しかし，この見解は多くの支持を得ることができず，第一義的な法益をあくまで「公共の平穏」とする見解が多数説である。

　「公共の平穏」の不明確性に対する批判は，民衆扇動罪におけるその文言にも関係する。すなわち，同罪では「公共の平穏を乱すのに適した態様」で住民の一部に憎悪をかきたてること等が成立要件とされ，実際に平穏が危殆化したことを必要としていない。この経緯からすれば，本罪は抽象的危険犯と解するのが素直な解釈といえそうである。しかし，処罰範囲の拡大，不明確化を懸念して，同文言を提案した Wilhelm Gallas 自身が，後に，刑法130条は具体的危険犯と解すべきであるとしている。[34] また，同様に本罪を抽象的危険犯と解することへの懸念から，「潜在的危殆化犯」[35] や「抽象的－具体的危険犯」[36] と解すべきとする見解もみられる。さらに，「適した」という「適性条項」それ自体に独自の限定機能を持たせようとする見解もある。[37] なお，「公共の平穏」という批判

のある法益を，たとえば「社会参加の機会」といった法益に置き換えたとしても，それを侵害犯として構成することは困難であるように思われ，やはり危険犯の解釈問題は依然として残るといえよう。

　ナチズム等の復興によるユダヤ人等のマイノリティ迫害を防止するという観点から，民衆扇動罪の罪質を，単なる侮辱の延長線上ではない，より重大な社会的法益に対する罪と位置づけることは，一方でその趣旨によく合致するといえるが，他方で保護法益の不明確性といった問題をより孕むようになるといえる。この問題について，結局のところ最大の限定要因となったのは，前章で確認したとおり，「人間の尊厳への攻撃」要件であった。「人間の尊厳」を一義的な保護法益と解しうるかは別論として，同要件が少なくとも限定要件として効果を発揮したことは疑いえない。

■ホロコースト否定罪の新設
　その後，民衆扇動罪に対しては，むしろその処罰範囲が狭すぎるとして非難が高まることとなる。問題となったのは，いわゆる「アウシュヴィッツの嘘」に代表される，ナチスによるユダヤ人虐殺という歴史的事実を否定する表現（以下，ホロコースト否定表現とする）であった。当初，判例はこの問題について，ホロコースト否定表現を「単純なアウシュヴィッツの嘘」と「重大なアウシュヴィッツの嘘」に区別し，前者を侮辱罪，後者を民衆扇動罪の対象とする解決を図った。

　連邦通常裁判所は，ナチス期におけるユダヤ人迫害という歴史的事実それ自体がユダヤ人にとっての人格の一部を形成しており，それゆえかかる差別が繰り返されることを阻止するためにも，ユダヤ人はその自己理解に対する尊重請求権を有するとし，ホロコースト否定表現を侮辱罪の対象とする[38]。他方で，裁判所は，当該表現が単にホロコーストの否定にとどまらず，ユダヤ人がそのような「嘘」を流布している，その「嘘」から利益を得ているといった非難が含まれている場合，当該表現を「人間の尊厳への攻撃」が認められる「重大なアウシュヴィッツの嘘」であるとし，これに対して民衆扇動罪の成立を認めてきたのである。その際に注目すべきは，裁判所が，「同様の非難がナチス支配期に，ユダヤ人を住民のなかで憎悪の対象とする役割を演じさせられた」ことをくり

返し指摘している点である。[39] ここでも，前章で確認した，「人間の尊厳への攻撃」要件解釈における歴史関連性を見出すことができよう。

　このような裁判実務に対しては，しかしながら，刑罰法規による対応が十分でないとの不満の声が高まる。単純なアウシュヴィッツの嘘に対しても，告訴規定に依存する侮辱罪ではなく，民衆扇動罪を適用しうるような法改正が検討されていく。1985年の第21次刑法一部改正法により，侮辱罪の被害者がナチス等による集団迫害の構成員である場合に例外的に職権訴追を可能とする改正がなされたにもかかわらず，デッケルト事件判決に対する（誤解も含んだ）公衆の憤慨などにも後押しされ，1994年の新犯罪対策法の一部として刑法130条の改正が実現する。この改正で，刑法130条の3項に，ナチスによるホロコーストという歴史的事実を「是認し，存在を否定し又は矮小化する」行為を処罰するホロコースト否定罪が新設されたのである。[40] これにより，単純なアウシュヴィッツの嘘も刑法130条の対象となりうることとなった。

■ ホロコースト否定罪の保護法益

　こうした経緯から，ホロコースト否定罪には「人間の尊厳への攻撃」要件が規定されていない。よって，保護法益は「公共の平穏」と解さざるを得ないとするのが多数説である。一方では，ナチスによるホロコーストの対象となった集団構成員の「名誉」といった個人的法益に還元しようとする見解もみられるが，[41] 民衆扇動罪の立法経緯からして，本罪を侮辱の延長線上で捉えることは，そもそもの立法者意思に反するとの批判が加えられる。他方で，ホロコースト否定罪の保護法益を歴史的事実それ自体と解すべきとする次のような見解もある。すなわち，ナチス犯罪という歴史的事実の否定を処罰する場合，それは，ナチス体制の犠牲者や生きのびた当事者の利害のためだけに行われるのではない。ナチス支配により何らかの形で暴力およびテロを経験したすべての生存者が，自らの真実要求，つまり歴史的アイデンティティのなかで保護されるべきである。それ以上に，この事実，そしてこの事実を知ることが，過ちを繰り返さないための最大の防止策である。それゆえ，意見表明の自由の制約に対しては，個人の利害関心を考慮するのみならず，ナチス体制の再発防止という一般的利益も考慮されねばならない。この見解は，[42] たしかにヘイト・スピーチ規制

の本質的目的を的確に言い表しているように思われるが，歴史的事実を直接に刑事規制の保護法益と解することには問題がないとはいえない。実際にも，何ら個人的法益と関連しない歴史的真実をダイレクトに保護法益とみなすことは容認できないとの批判や[43]，ホロコーストの事実を「タブー」として禁じるような規制は，ともすれば「臭いものに蓋」をすることになり，「なぜそれがタブーなのか？」という，とりわけ今後の世代にとって重要な眼差しを欠落させてしまう危険があるとの批判がなされている[44]。

　加えて，「人間の尊厳への攻撃」要件がなく，単純なホロコースト否定表現まで処罰範囲に含まれうるため，たとえば，同罪の対象となるホロコーストを「矮小化」する表現とはどの範囲までかといった，不明確性の問題も指摘される。「否定」行為については，故意の内容が問題とされる。否定行為の故意が，行為者がその虚偽性を知っているかまたは甘受していることを意味するとすれば，ホロコーストが存在しなかったことを断固確信しており，「嘘」をついている意識がない行為者は故意を欠き不可罰となってしまう。そのため，故意内容の緩和が許されることになれば，法治国家的な責任刑法が岐路に立たされることになると批判されるのである[45]。刑法130条に関して，1項の民衆扇動罪部分に比べ，3項のホロコースト否定罪については，学説からの強い批判にさらされているといえよう[46]。

　なお，ホロコースト否定罪の創設はドイツの専売特許と思われがちだが，決してそうではない。フランスでは1990年にすでにホロコースト否定罪が新設されている[47]。さらに，現在はEU規模での統一的なホロコースト否定罪の処罰が求められ，その対象はナチス以外によるジェノサイドの否定にまで拡大されている。2008年11月28日に承認された「特定の形態及び表現のレイシズム及び排外主義の刑法的克服に関する評議会枠組み決定」では，EU構成国が国内法化すべき犯罪構成要件として，①レイシズム的又は排外主義的な理由からの公然たる扇動，②同様の扇動文書の公然たる流布，③ホロコーストの公然たる是認，否定又は重大な矮小化，さらには④その他のジェノサイド犯罪の公然たる是認，否定又は重大な矮小化があげられている。ドイツでも，この枠組み決定との整合性を図るため，2010年に刑法130条が一部改正された。表現の自由等の基本権への配慮から，EU構成国には国内法化するにあたって一定の裁量が

与えられているものの，EUが一致団結してかかる行為を一律に犯罪化していくことに対しては，シンボリックな政治目的に役立つのみで，実証的，合理的な刑事政策とは言い難い象徴刑法である，といった懸念も示されている。[48]

■ ホロコースト否定罪の問題点

ドイツの民衆扇動罪やホロコースト否定罪にみられるように，保護法益を社会的法益と解することにより，規制目的が個人の名誉の保護といったものではなく，マイノリティへの差別・迫害の再発防止にあることを明確に打ち出すことができるといえる。ただし，その反面，公共の平穏といった明確性に難のある抽象度の高い法益が設定されるため，人間の尊厳への攻撃要件のような限定要件を欠くホロコースト否定罪のような犯罪類型は，処罰範囲の不明確性などが批判の対象とされる。この点において，民衆扇動罪とホロコースト否定罪は性質を異にする。

これに関しては，その処罰範囲の拡大現象にも言及しておく必要がある。刑法130条は前述したホロコースト否定罪の新設など数度の改正を経ているが，排外主義や極右主義の克服にとって刑法が最良の処方箋ではないということはくり返し指摘され，立法理由書等でもそのことが認められていた。しかし，対症療法として刑事規制も必要であるとの認識からその都度，改正が実現されてきた。1960年の制定時には「過去の克服」の取り組みと即応した「社会的基盤を伴う立法」であったのが，その後のホロコースト否定罪創設時には刑事規制による対応を優先する「処罰先行型の立法」になっているように思われる。[49] ここにも民衆扇動罪とホロコースト否定罪とのコントラストが看取できよう。EUにおけるホロコースト否定罪処罰の傾向も処罰先行のきらいがあるとし，排外主義的見解の原因とされる社会構造的な条件を変化させることが不可能な刑法に過度に依存することは，象徴刑法に陥るとの懸念も示されている。[50] こうした他国の歴史に鑑みると，ヘイト・スピーチ規制に関して，もっぱら刑事規制による対処へといったん舵を切った場合，今後，その処罰範囲の拡大を求める要求に抗することは容易でないように思われる。

## Ⅳ　ヘイト・スピーチの構造性

### ■批判的人種理論の主張

　米国では，ヘイト・スピーチの侵害性に関して，とりわけ批判的人種理論の立場から種々の害悪が主張されている[51]。彼／彼女らの主張によれば，一方では，ヘイト・スピーチは被害者にきわめて重大な精神的苦痛を与える，「平手打ちを受けるようなもの」である，といった個々の被害者に対する侵害に焦点があてられる。他方では，ヘイト・スピーチのような劣等感を植え付ける表現を許容することは人種に基づく差別・階級構造の維持への寄与を意味するため修正14条の平等保護条項に反する，もしくはヘイト・スピーチそのものが人種差別社会を構築する，といった個人に対する直接的被害を超えた社会構造それ自体への害悪に着目する視点もある。前者は，個人的法益に対する罪と捉える点で，前述の集団侮辱罪の構成と親和性を有し，後者は，社会における差別構造それ自体を問題とする点で，ドイツにおける民衆扇動罪の趣旨と親和性を有するといえよう。

　このような，抽象度の高い後者の害悪をも考慮した広範な規制の主張は，米国連邦最高裁判例の表現の自由法理にそぐわないうえ，多くの学説の批判にもさらされている一方，ヘイト・スピーチが犠牲者の面前に向けられた場合，それが特別な有害性を持っているとする説は，リベラルな表現の自由論を説く論者の間でもかなり広く受容されているとされる[52]。そこから，現在の日本の規制積極論も，ヘイト・スピーチの害悪に着目し，対抗言論の余地がない害悪の特に明白なものに限定した規制の在り方を検討する。すなわち，抽象的な根拠で規制に値するヘイト・スピーチを選出することがあってはならないとし，話者が発する言葉が，第三者を媒介することなく直接被害者に加えられる場合などの害悪の絞り込み方法が主張されている[53]。これは，従来の集団侮辱罪の提案を，さらに限定，明確化して規制の正当性を模索する方向性といえる。したがってまた，前章で確認した実効性とのジレンマにつきあたることとなる。

■刑事規制は構造的不正義を克服できない

　これに対して，ヘイト・スピーチや差別の構造性への視点に共感を示しつつ，刑事規制には慎重な立場も存在する。志田陽子によれば，人種問題等にコンシャスな平等論には二つの方向性があるとされる。一つは，ヘイト・スピーチなど，有害な行動を特別な規制の対象としてカテゴライズして，生じた現象に直接に対処しようという方法であり，もう一つは，そうした害を生じさせている社会的構造のほうに着目し，この構造を解読し克服する道を開くことを，憲法論の任務と考える方向である。[54] 後者の方向性をとる論者は，ヘイト・スピーチ規制に関して次のように主張する。ヘイト・スピーチのもたらす身体的現実レベルでの恐怖感といった害の認識から，規制を導入する議論方向も考えられないではないが，暴力や侮蔑的扱いなどの現実の害を誘発しうる私人の言論を規制するよりも，むしろこれを誘発しうる政府言論を問題とすべきである。つまり，まず公権力の責任を確認することが先決であり，公権力がこの責任を自覚しないままで個々の行為者にその責任を負わせることで解決とする規制方法は，規制論が問題にしようとしている構造的不正義を克服することができない。このような構造的不正義の問題を看過したヘイト・スピーチ規制には，マイノリティ保護の法政策として主張されながら，マイノリティ自身に適用される危険や，逆にマイノリティに対する人々の偏見や憎悪を高める逆効果を生む危険すら存在する。[55]

　ヘイト・スピーチ規制は構造的不正義を克服できないとの主張は，刑事規制の限界を正しく言い表しているように思われる。刑事裁判はその性質上，行為者個人の責任に限定してその罪責を問うことしかできない。したがって，ヘイト・スピーチ事件の原因はもっぱら行為者個人の問題として捉えられることとなり，その背後にあり，場合によっては行為者に影響を与えた国家社会の差別構造ないし社会的偏見は論及されることがないか，平川が指摘したように，量刑における情状としてのみ考慮される。それゆえに，刑事裁判では，事件の背景を差別構造にまで掘り下げたうえでの，ありうる再発防止策の提言を期待することも無理な注文であろう。また，背後に差別問題をかかえたヘイト・スピーチのさまざまな複合的被害を，[56] 刑事裁判で過不足なく把握することができるかも疑問である。[57]

## V　むすびに代えて

■議論状況のまとめ

　ヘイト・スピーチの刑事規制を検討する場合，大きくは個人的法益に対する犯罪とみるか，それを超えた社会的法益に対する犯罪とみるかに分けることができる。日本では，憲法の保障する表現の自由との関係から，侵害性が具体的かつ明白な個人的法益に対する犯罪として構成する方向が主流であったといえる。しかし，この方向に対しては，害悪をとりわけ明白なものに限定しようとすればするほど，実効性に乏しくなるというジレンマが指摘される。たしかに，現行法下でも可罰性に疑いのない暴行や脅迫の害悪性に引きつけてヘイト・スピーチの害悪を検討することで，その規制の合憲性を導くことは容易になろう。しかし，その反面，表面的な行為態様の悪質性や被害感情などにもっぱら焦点があたることとなり，ヘイト・スピーチを特別に規制する出発点であったはずの差別の歴史性・構造性を問題とすることが困難になるといえる。

　これに対して，社会的法益に対する犯罪として構成した場合，その規制目的が差別構造の解消やマイノリティ迫害の再発防止という趣旨にあることを強調できるため，これはヘイト・スピーチの背後にある当該国家社会の差別構造により着目しうる構成といえそうである。しかしながら，この構成では，侵害法益の抽象度が高く，ホロコースト否定罪に関して指摘されていたように，刑事規制に必要な明確性の担保が困難になるという問題がある。また，仮に民衆扇動罪のように明確性を担保しえたとしても，刑事規制として構成する場合，刑事裁判の限界として指摘したように，差別の構造性それ自体を問題にしようという規制目的に反して，やはり個人処罰の次元に問題が矮小化されるおそれを否定できない。

　結局のところ，集団侮辱罪をはじめとして，ヘイト・スピーチの刑事規制についてはいくつかの方向性が示されているが，いずれも問題ないし限界を含んでいると言わざるを得ない。ただし，そこから，刑事規制は対症療法に過ぎないとして論を終えるのではなく，ヘイト・スピーチおよび差別の構造性にメスを入れることのできるそれ以外の法政策の可能性を模索すべきである。

■結　　論

　以上からも，前章と同様の結論を導きうるように思われる。すなわち，まずは刑罰法規を含まない基本法等を制定し，それを根拠規定として，差別に関する実態調査および人権救済機関の実現を図ることである。これに対しては，刑事規制が対症療法であることは認めつつ，実態調査や新たな人権救済機関の設置という早急な実現可能性に乏しい方法よりも，まずは，まさしく対症療法として刑事規制が必要なのである，という反論が予想される。しかしながら，ドイツの民衆扇動罪の立法過程から窺えるように，処罰先行型の立法に踏み切る場合，当該刑罰法規の明確性担保に問題を抱えるばかりか，その後の更なる処罰要求にも応え続けることになりかねず，処罰範囲の一方的拡大を招く危険が大きいといえる。やはり，刑罰法規の濫用を避けるためにも，まずは基本法等による土台整備が必要であろう。

　かかる方向性は，本書で明らかとなった刑事規制の問題点に応えうるものだと考える。第一に，差別の実態調査は，刑事裁判と異なり，差別の歴史性，構造性まで踏み込んだ考察が可能であるから，構造的差別の解消に向けた提言なども可能になるであろう。第二に，その調査結果等を通じた差別問題の社会的認知を高めることは，仮に刑事規制を検討する必要性が生じた際にも有益である。すなわち，平川の指摘する社会的偏見に影響されて行為に及んだ事案や，ホロコースト否定罪で議論のあった故意が問題となる事案の減少につながることが期待できる。第三に，人権救済機関が刑事規制の対象よりも広い範囲に対応しうることがあげられる。ヘイト・スピーチの本質的問題がその背後にある構造性にあるのだとすれば，その構造に影響された，必ずしも表面上は過激な形態をとらない，日常に生起する「ありふれた」事案にこそ，対応の必要性があるといえる。それらすべてを刑事規制で対処することはおよそ不可能であり，このような「ありふれた」差別（ヘイト・スピーチに限られない）を対象としうる人権救済機関こそがより相応しいと思われる。

　ヘイト・スピーチや差別の構造性を問うことは，それを作出・維持してきたことに対する公権力の責任を問うことでもあるはずである。これに対しては，まさに政府の積極的な差別是正措置として刑事規制導入の責務があり，「ヘイト・スピーチは許されない」という規範を発信すべきであるとの主張もありえ

よう。しかし，このような刑法の教育効果ないし規範形成機能を単純に強調することには問題があると考える。マイノリティの人々が日々どのような差別を経験し，その背後にどのような歴史があるのかに関する認識を欠いているかぎり，刑罰法規の構成要件で表せるような一般的命題を示されても，具体的な行動規範としては役立たない（一般命題と個別行為の認知的不整合）[58]。仮に刑事規制によって，現在，社会問題化しているような過激なヘイト・スピーチが表面上抑えられたとしても，現在の差別構造や社会的偏見に変化がなければ，構成要件をかいくぐるための手段の巧妙化をもたらすのみである可能性も大きい。これにさらなる刑事規制・処罰範囲の拡大で対応し続けていくことの問題は，前述したとおりである。

　ヘイト・スピーチの「犯罪性」を強調することが，必ずしもその「被害」の深刻さを正しく把握することになるとは限らない。ヘイト・スピーチ問題を法学的に検討する場合，刑事規制で把握可能な被害・害悪と，ヘイト・スピーチや差別による本質的な被害・害悪とのズレを正しく認識したうえで，後者を解消しうる法制度を検討することが求められるといえよう。

〔註〕
1）　Öykü Didem Aydin, Die strafrechtliche Bekämpfung von Hassdelikten in Deutschland und in den Vereinigten Staaten von Amerika, Freiburg im Breisgau 2006, S. 31 f.
2）　奈須祐治「憎悪煽動の規制と表現の自由」孝忠延夫編著『差異と共同――「マイノリティ」という視角』（関西大学出版部，2011年）156頁（注3）参照。
3）　これに関しては，内野正幸『表現・教育・宗教と人権』（弘文堂，2010年）19頁以下参照。
4）　たとえば，内野正幸は，差別的表現を「ユダヤ人，黒人，被差別部落民などの少数者集団（マイノリティ）に対する侮辱，名誉毀損，憎悪，排斥，差別などを内容とする表現行為であって，しかも，ある少数者集団の全体ないし一定部分を対象にするもののことをいう」と定義する。内野正幸『差別的表現』（有斐閣，1990年）5頁。
5）　京都地裁平成23年4月21日判決（LEX/DB25471643）。判例評釈としては，TKCローライブラリー所収の前田朗（速報判例解説，国際公法No.13），金尚均（速報判例解説，刑法No.60）のほか，国際人権23号所収の江頭節子（76頁以下）山田健太（80頁以下）の評釈も参照。
6）　平川宗信『刑法各論』（有斐閣，1995年）219頁，山中敬一『刑法各論（第2版）』（成文堂，2009年）181頁など。
7）　大判昭和13年2月28日（刑集17巻141頁）。
8）　判例としては，傍論ながら，「名誉毀損又ハ侮辱罪ハ或特定セル人又ハ人格ヲ有スル団体ニ対シ其ノ名誉ヲ毀損シ又ハ之ヲ侮辱スルニ依リテ成立スル」とした，大判大正15年3月24日（刑集5巻117頁）が引き合いに出される。なお，法人に対する侮辱罪を認めたものとし

て，最決昭和58年11月1日（刑集37巻9号1341頁）。
9） 前掲大判大正15年3月24日も，「其ノ被害者ハ特定シタルモノナルコトヲ要シ単ニ東京市民又ハ九州人ト云フカ如キ漠然タル表示ニ依リテ本罪ヲ成立セシムモノニ非ス」とする。
10） 西田『刑法各論（第5版）』（弘文堂，2010年）109頁参照。
11） 前掲註6）平川・225頁参照。
12） 前掲註4）内野・168頁。
13） 前掲註4）内野・157頁以下。
14） 前掲註4）内野・171頁。
15） 前掲註4）内野・161頁。
16） 前掲註2）奈須・156頁。なお，後に内野も米国におけるPC（ポリティカル・コレクトネス）運動の高まりとの関係から，差別的表現が拡張解釈されることに慎重な立場を示している。前掲註3）内野・21頁以下。
17） そのほか，内野説に対する刑法学からの批判として，楠本孝「集団侮辱罪と民衆扇動罪」龍谷大学矯正・保護総合センター研究年報2号（2012年）41頁参照。なお，「感情」を保護法益とすることの問題点として，梅崎進哉『刑法における因果論と侵害原理』（成文堂，2001年）313頁以下も参照。
18） 関東弁護士会連合会編『外国人の人権』（明石書店，2012年）282頁。また，弁護士会内の議論については，李春熙「ヘイトスピーチ規制議論のあるべき方向性について」人権と生活37号（2013年）12頁以下も参照。
19） 前掲註18）関東弁護士連合会編・283頁。
20） 前掲註6）平川・223，235頁。
21） 前掲註6）平川・236頁および，平川宗信「差別表現と『個人の尊重』」部落解放研究所編『憲法と部落問題』（解放出版社，1986年）280頁以下。
22） 前掲註6）平川・270頁以下。
23） 前掲註6）平川・237頁では，罰金刑の不可が検討されているが，前掲註21）平川論文・287頁では1年以下の懲役も加えられていた。
24） 前掲註6）平川・223頁。前掲註21）平川論文・287頁では，「地域的な偏見に影響されて軽率に差別表現を行ったり，興奮や軽はずみから節度を失って人の尊厳を害するような言辞をした時などは，……行為は行為者の悪質な人格に深く根ざしたものではな」いため，重罰は不要であるとしている。
25） 前掲註17）楠本・42頁以下。
26） 前掲註17）楠本・50頁以下。
27） 金尚均「名誉毀損罪と侮辱罪の間隙」立命館法学345・345号（2012年）336頁。
28） ドイツ刑法130条（民衆の扇動）
(1)公共の平穏を乱すのに適した態様で，
 1 国籍，人種，宗教若しくはその民族的出自によって特定される集団に対して，住民の一部に対して，若しくは上に掲げる集団若しくは住民の一部に属することを理由に個人に対して憎悪をかきたて若しくはこれに対する暴力的若しくは恣意的な措置を誘発する者，又は
 2 上に掲げる集団，住民の一部若しくは上に掲げる集団若しくは住民の一部に属することを理由に個人を罵倒し，悪意で軽蔑し若しくは中傷することにより，他人の人間の尊厳を攻撃した者
 は，3月以上5年以下の自由刑に処される。

(2) 1　上に掲げる集団に対して，住民の一部に対して若しくは上に掲げる集団若しくは住民の一部に属することを理由に個人に対して憎悪をかきたてる文書，暴力的若しくは恣意的な措置を誘発する文書，若しくはそれを罵倒し，悪意で軽蔑し若しくは中傷することにより，他人の人間の尊厳を攻撃する文書（第11条第3項）を，

　　a）流布し，
　　b）公然と展示し，掲示し，閲覧させ若しくはその他の方法で目に触れうる状態にし，
　　c）18歳未満の者に提供し，交付し若しくはこれらの者の目に触れうる状態にし，若しくは
　　d）これらの文書若しくはこれらの文書から得た一部を，a）からc）の意味で利用し若しくは他の者によるこれらの利用を可能にするために作成し，調達し，交付し，保管し，提供し，広告し，推奨し若しくは輸入若しくは輸出を企行した者，又は
　2　第1号に掲げる内容の表現を放送，メディアサービス若しくはテレサービスにより流布した者

は，3年以下の自由刑又は罰金に処される。

(3)公共の平穏を乱すのに適した態様で，公然と又は集会で，国際刑法典第6条第1項に掲げる態様でのナチスの支配下で行われた行為を是認し，その存在を否定し又は矮小化する者は，5年以下の自由刑又は罰金に処される。

(4)公然と又は集会で，被害者の尊厳を侵害する態様で，ナチスの暴力的支配又は恣意的支配を是認し，賛美し又は正当化することにより，公共の平穏を乱した者は，3年以下の自由刑又は罰金に処される。

(5)第2項は，第3項及び第4項に掲げる内容の文書（第11条第3項）にも妥当する。

(6)第2項の場合，第4項が併せて適用される同項の場合及び第3項の場合には，第86条第3項が準用される。

29）　BT-Drs. 1/1307, S. 44. また，民衆扇動罪が侮辱の特別類型といったものではないことは，1959年の政府草案でも指摘されている。Vgl. BT-Drs. 3/918, S. 3 f.

30）　Vgl. Josef Schafheutle, Das Sechste Stfafrehtsänderungsgesetz, JZ 1960, S. 470 ff.

31）　Schönke-Schröder-Lenkcner, StGB Kommentar, 27. Aufl. 2006, §126 Rn. 1.

32）　Thomas Fischer, Die Eignung, den öffentlichen Frieden zu stören, NStZ 1988, S. 163 f.

33）　Franz Streng, Das Unrecht der Volksverhetzung, in: Wilfried Küper（Hrsg.）, Festschrift für Karl Lacknar zum 70. Geburstag, 1987. S. 509 ff.

34）　Wilhelm Gallas, Abstrakte und konkrete Gefährdung, in: Hans Lüttger（Hrsg.）Festschrift für Ernst Heintz zum 70. Geburstag, 1972, S. 181 f.

35）　Vgl. Lackner-Kühl, StGB Kommentar, 26. Aufl. 2007, §130 Rn. 1.

36）　Vgl. Schönke-Schröder-Lenkcner, a.a.O., §130 Rn. 1a.

37）　Thomas Wandres, Die Strafbarkeit des Auschwitz-Leugnens, Berlin 2000, S. 225 f.

38）　上村都「ドイツにおけるヘイト・スピーチ規制」駒村圭吾・鈴木秀美編著『表現の自由Ⅰ　状況へ』（尚学社，2011年）480頁以下など参照。

39）　Vgl. v. Dewitz, a.a.O., S. 195 f.

40）　この間の経緯については，楠本孝『刑法解釈の方法と実践』（現代人文社，2003年）112頁以下も参照。

41）　Joachim Jahn, Strafrechtliche Mittel gegen Rechtsextremismus, Frankfurt a.M 1998, S. 181 f.；Iris Junge, Das Schutzgut des §130 StGB, Augsburg 2000, S 181 ff. なお，ユンゲは，「否定」構成要件を民衆扇動罪から除外し，侮辱罪として再構成することを提案する。

42) Herbert Ostendorf, Im Streit: Die strafrechtliche Vorfolgung der "Auschwitz-lüge", NJW 1985, S. 1062. また，ドイツ刑法130条第３項を「タブーの保護」とする見解として，Günter Bertram, Entrüstengsstürme im Medienzeilalter – der BGH und die "Auschwitzlüge", NJW 1994, S 2004.
43) Sebastian Cobler, Das Gesetz gegen die "Auschwitz-Lüge", KJ 1985, S. 166 f.
44) Simon Dietz, Die Lüge von der »Auschwitzlüge« - Wie weit reicht das Recht auf freie Meinungsäusserung?, KJ 1995, S. 221.
45) Schönke-Schröder-Lenkcner, a.a.O., §130 Rn. 20.
46) なお，ホロコースト否定罪については意見表明の自由との抵触を懸念する見解も多く見られるようになる。詳細については，櫻庭総『ドイツにおける民衆扇動罪と過去の克服』（福村出版，2012年）第５章参照。
47) エリック・バレント（比較言論法研究会訳）『言論の自由』（雄松堂出版，2010年）207頁。
48) Benjamin Weiler, Der Tatbestand "Volksverhetzung" im europäischen Vergleich, Hamburg 2012, S. 154.
49) 詳細については，櫻庭・前掲書，第３章および第４章参照。
50) Benedikt Rorßen, Von der »Anreizung zum Klassenkampf« zur »Volksverhetzung«（§130 StGB）, Berlin 2009, S. 286.
51) 米国で議論されるヘイト・スピーチの害悪をめぐる以下の議論については，小谷順子「合衆国修正一条の表現の自由とヘイト・スピーチ」法政論叢36巻１号（1999年）164頁以下，奈須祐治「ヘイト・スピーチの害悪と規制の可能性㈠――アメリカの諸学説の検討」関西大学法学論集53巻６号（2004年）57頁以下，長峰信彦「人種差別的ヘイトスピーチ――表現の自由のディレンマ⑴」早稲田法学72巻２号（1997年）220頁以下，梶原健佑「ヘイト・スピーチと『表現』の境界」九大法学94号（2007年）58頁以下など参照。
52) 奈須祐治「ヘイト・スピーチの害悪と規制の可能性㈡――アメリカの諸学説の検討」関西大学法学論集54巻２号（2004年）163頁。
53) 前掲註52)奈須・207頁および奈須祐治「ヘイト・スピーチ規制法の違憲審査の構造――『害悪アプローチ（harm-based approach）』から」関西大学法学論集59巻３・４号（2012年）95頁以下。
54) 志田陽子『文化戦争と憲法理論――アイデンティティの相克と模索』（法律文化社，2006年）252頁。
55) 前掲註54)志田・239頁および262頁以下参照。
56) ヘイト・スピーチ／クライム被害の複合性については，前田朗「ヘイト・クライムはなぜ悪質か㈠～㈤」アジェンダ30～34号（2010・2011年）など参照。
57) 京都朝鮮学校襲撃事件の刑事事件判決では，名誉毀損ではなく侮辱罪による起訴がなされた。このことについて，本件被告人らの言論が日本の植民地支配に由来する第二次大戦中・戦後の歴史に密接に関連する事実であるため，名誉毀損罪で起訴した場合に予想される被告側からの反論に検察官として引きずられたくなかったという事情があるのではないかとの指摘もある。金尚均「ヘイト・スピーチ規制の法と政策」前田朗編『なぜ，いまヘイト・スピーチなのか』（三一書房，2013年）150頁。
58) これに関しては，櫻庭総「ドイツにおける民主扇動罪の歴史的展開と現代の動向」龍谷大学矯正・保護総合センター研究年報２号（2012年）32頁以下参照。

第9章

# ヘイト・スピーチ規制の意義と特殊性

金　尚均

## I　名誉侵害罪とヘイト・スピーチ

　名誉毀損罪（刑230条）の刑罰規定は，「公然と事実を摘示し，人の名誉を毀損した」行為を処罰し，侮辱罪（刑231条）は，「事実を摘示しなくても，公然と人を侮辱した」行為を処罰する。殺人罪や傷害罪などにおける攻撃客体としての「人」とは，自然人に限定される。これに対して，これら名誉侵害罪の構成要件としての「人」とは，自然人はもちろんのこと，法人などの集団も含むとするのが判例・通説の立場である。[1] 侵害・危殆化される法益の内容と構成要件の予定する行為と関連させて「人」の意義を考える必要がある。生命を保護法益とする殺人罪などは自然人以外に対して成立することはあり得ないが，法人など，つまり統一的意思をもつ集団等も社会的機能を有しており，それゆえ自然人と同様に社会的評価を受ける対象であることからすれば，これに対する侮辱的表現による攻撃もありうる。それゆえ団体・集団も名誉侵害犯の保護対象に含まれる。[2]

　これに対して，同じく団体・集団であるが，統一的意思を持たないそれも名誉侵害罪では保護されるのであろうか。たとえば，人種，皮膚の色，国籍，民族など，一定の属性によって特徴づけられる集団（＝統一的意思をもたない集団）に対する侮辱的表現行為は攻撃の対象となっている集団に属する人々にとっても何らの害もないとは言い切れない。むしろ集団そのものに対する否定にもつながる恐れがあることからすれば，甚大な社会侵害を生じさせているとも言える。このことからすると，統一的意思をもたない集団に対する侮辱的表現に対して何らの法益の侵害・危険がないといえるのであろうか。

　名誉とは，これがあきらかに人格的価値であることからすれば，[3] 特定の生存

している個人の名誉のことである[4]。先に述べたように，ここでいう人の定義としては自然人のほか，法人などの団体や集団も含むとするのが判例・通説の立場である。「法人などの団体も，一定の社会的評価の対象となるものであり，自然人と同様，社会的な活動を行っているのであるから，そのような評価は社会生活上保護に値するものと解され，名誉毀損罪による保護の対象とすることが妥当」[5]とされる[6][7]。確かに人の人格的価値から導かれるところの個人的法益としての名誉の保護に忠実に解釈すればその通りであり，その限りで妥当と言える。しかし，現実の世界では，侮辱的表現が統一的意思をもたない団体・集団に向けられていることもある。この場合，当該集団の規模が大きくなればなるほど個人的連関が希薄になることや，団体に対する侮辱と個人に対する侮辱を必ずしも同一視できないという問題が生じる。これらを回避するためには，このような集団も名誉主体として「人」に含むべきではなかろうか[8]。

　会社等の法人などは法的性格からいって輪郭づけしやすく，そのため「人」と見なすことにもさほど困難を伴わない。とりわけ集団に関連して名誉侵害罪における「人」の範囲が問題になることはいうまでもない。名誉侵害罪が個人の人格的価値の保護を本旨とすることから，そこでの「人は特定した者であることを要する。」[9]とされる。このことは，本来，集団の概念と相容れないように思われる。しかし，社会生活上，集団にも様々な現象形態があることが知られている。一定の目的をもって統率されたものや，客観的に見て集団であるが，何らの統率もない「烏合の衆」等があり得るが，これらはいずれも一般的には集団と呼ばれる。「団体も社会的活動の重要な単位である以上，その経済的側面での評価たる以外でも，社会的評価につき保護を受けてよい」[10]との説示からすると，名誉侵害罪が人格的価値を保護することからすれば，集団も特定個人と同様の人格をもつものに限定されなければならないことはいうまでもない。したがって，烏合の衆そのものは対象から除外される。そこで，一個の「名誉の主体である人は，それが単一の評価が成立しうるという意味において特定されたものであることが必要」であり，「団体は，その存在と活動が社会的実体を伴った単一的評価の客体となるものでなければならない。その構成員の範囲などの不明確な単に漠然とした集団は，名誉の主体にはならない。」[11]といわれる。「団体は，その存在と活動が社会的実体を伴った単一的評価の客体とな

るものでなければならない。その構成員の範囲などの不明確な単に漠然とした集団は，名誉の主体にはならない。[12]」。つまり，社会において統一的な意思のもとに行動していると認められる団体でなければならないのである。[13]ドイツにおいても，法的に承認された目的を満たし，しかも統一的意思を構築することができる場合，判例・通説によれば集団に対する侮辱は可能であると評価される。[14]

　ドイツにおいて名誉侵害構成要件はドイツ刑法典第14章において185条（侮辱）以下で規定されている。これらの構成要件は名誉を保護しているが，ここで名誉とは，個人（individuelle Menschen）の人格的法益とされる。[15] 侮辱可能性と関連して，法益主体は各々の人（jeder Mensch）である。独立性は生存する人格だけがもっている。[16]法人などの法人格をもつ人的共同体や法人格をもたない団体もそれ自体として，法的に承認された社会的任務を果たしそして統一的意思を構築することができる場合には，[17]名誉侵害罪の対象とされる。[18]これは，労働組合，政党，宗教団体，住宅建設組合，赤十字などに当てはまる。しかし，純粋私的な趣味の団体には当てはまらないとされる。ここでは，名誉侵害犯の保護客体であるためには，統一的意思を有していると見なされる団体でなければならい。自然人と比較可能な主体として団体を位置づけるために統一的意思の存在が要件とされるのは日本と同様である。侮辱的表現が向けられた際，これに対してそれ自体として感受可能性のある主体のみが保護の対象とされる。統一的意思とは，侮辱的表現に対しての自己に対する事柄として感受可能であり，これにより社会的評価が低下される可能性のある主体である。

　これに対して，統一的意思をもたない集団はどうであろうか。人的集団（Personenmehrheit）に属する者としての多数の個々人（Mehrere Einzelpersonen）は，集団を表す表示（Kollektivbezeichnung）のもとで侮辱の対象とされる。[19]集団に対する侮辱について，①行為者が集団を表す表示によって，その構成員の中の特定の個人または複数人をさげすむ表現行為をした場合，ここでは被害者はこの集団に属することを通じてのみ個人化される。たとえば，「バイエルンの大臣はコールガールリングの客だ」[20]という侮辱的表現によって，特定の個人を攻撃する。もう一つとして，行為者が集団を表す表示を介して集団の全ての構成員に対する攻撃をする場合である。ここでも個々人の名誉の保護が課題であ

るが，表現は個人だけでなく，集団の各々の構成員に関係する。集団を示す表示をすることによる侮辱は，集団に属する全ての者が行為者の表現の被害者なのかという問題を提起する[21]。このような侮辱的表現によって侮辱罪が成立するには，この表示は外的特徴に基づいて区別可能な集団に当てはまるものでなければならない[22]。このような条件の下で，詳しく特定されていない人に向けられた表現によっても多数人が侵害されうるのである[23]。集団を示す表示とは，たとえば，ドイツ系ユダヤ人[24]，国家社会主義者によって迫害された現在ドイツで生存しているユダヤ人全て[25]，全ての現職中の兵隊[26]，等がある。この集団は，一定のメルクマールを根拠にして被害者の範囲が明確に枠づけられるほどに公衆から明確に区別されることで，個々人が当該集団に属することが疑いないことが基準とされている[27]。ここでは，集団に向けられた侮辱的表現を集団構成員各人の個人的名誉に還元して，個人の名誉の保護という観点から侮辱罪の成否が検討されている[28]。ヴェインガーによれば，集団の範囲が広くなればなるほど個々の集団構成員を個人的に確定することが困難となるのであり，行為者が集団の個々の構成員に対して個人的判断をしなければならないのであって，その際，集団とは，行為者が集団をなお個別的・個人的に概観可能な程度の範囲に限られるとする[29]。個人的関連性がなく，より上位概念である人々全体に対する包括的，標準的，全体判断であってはならないとする。ヴェインガーによれば，表面上，全ての集団の構成員を示す特性が表現される場合のみ例外であると述べる[30]。原則的に，集団の個々の構成員に対する個人的連関のない口頭による表現は，人格的名誉において個々の構成員に行われてはいないと解する[31]。このような説示からすると，これらの集団は統一的意思をもたないか，または数的ないし規模によって確定できない。それゆえ，ヴェインガーの見解からすると，ドイツ系ユダヤ人や国家社会主義者によって迫害された現在ドイツで生存しているユダヤ人全てといった表示は，具体的な個人に向けられたものとは言えないということになる。

## Ⅱ　名誉侵害犯における法益

■ヘイト・スピーチは何を害しているのか？
　統一的意思をもたない集団に対する侮辱罪などの成立可能性は，名誉の保護ではなく，むしろ歴史的文脈上または社会システム上重要とされる集団に対する配慮及び尊重を本質としているとも考えられる。国家社会主義時代におけるユダヤ人に対する迫害の歴史から，迫害を受けた人々そしてその子孫等，ユダヤ人という集団を示す表示はドイツ社会において重大な意味を持つことは周知のことである。ドイツの過去の歴史に対する反省と清算の一環としてまた社会に根強く残る蔑視観の克服のために集団を名誉の主体と解するのも理解できないわけではない。つまり，運命共同体という要件が量的限界づけの例外を示しているように見える。[32]また，ドイツの現役の兵隊，保護並びに犯罪警察の公務員などについては，社会システム上の重要性から保護客体とされている。[33]しかし，一定の集団に対する配慮及び尊重は法益であろうか。それは社会歴史的に構築された社会規範であり，その内実は一定の集団，職業または身分・地位に対する他とは異なる配慮及び尊重である。
　侮辱罪における侮辱的表現は，基本的に対等な者同士を念頭に置いてそれぞれ行為者と行為客体に分けたうえで，後者に対して侮辱的表現を投げかけ，これによって被害者の社会的名誉を低下させることを想定しているように思われる。ここでは，対等な者同士において，被害者を「ひどいやつだ」と不当に侮辱することを特徴としている。しかし，人間としての対等関係は維持されている。このことは，集団に対する侮辱的表現の場合にも当てはまるのであろうか。結論から言うと，当てはまらない。統一的意思をもたない集団に対する侮辱的表現には，単に「あの集団はひどい」ということだけでなく，「二級市民」，「人間以下」という蔑みの意味や意図が介在している。そうでなければ，たとえ——民族や出自の場合に明確になるが——，戦時中でもない限り，そのような集団に対してこれを示す一定の表示を用いて侮辱的表現をする意義はない。そうすると，このような侮辱的表現は名誉を毀損するだけでなく，「二級市民」，「人間以下」というように蔑むことで，人としての対等性または平等性の

否定を本質としているのではなかろうか。名誉の毀損は一個人に向けられた侵害行為であるが，統一的意思をもたない集団に向けられた侮辱的表現はまさに集団そのものに向けられ，当該集団に属している人々は全て上記のように見なされ続ける。ここでの侮辱的表現の特徴は，単に一過性の被害を与えるだけではなく，当該集団に属する人々が社会において不当な立場や地位に貶められ続けることにある。その集団を表示する言葉や蔑称が社会に執拗に根づくことでこれらの人々をまさに即自的に「二級市民」，「人間以下」と見なしてしまうおそれがある。そのような意義がなければ，あえて集団を示す表示を用いて侮辱的表現を行うことの意味はない。ここにおいて，一定の属性によって特徴づけられる集団に対する侮辱的表現の真相として，人間の存在にかかわる対等または平等な関係の毀損という実害が浮かび上がってくる。しかも，対等でないという意識のもと，そのような集団に属する人々は将来のいわれなき犯罪行為にさらされやすくなる。このように理解するならば，集団に対する侮辱を名誉侵害犯の枠組みだけで把握するのは無理がある。集団に対する侮辱的表現によって攻撃された法益を見つけ出す必要があると思われる。

■ 名誉の毀損とは異なる害悪を生じさせるヘイト・スピーチ

　個人に対する侮辱的表現や統一的意思をもつ団体に対するそれも攻撃客体ないし被害者が明確であることから誰の社会的名誉を低下させる危険があったのかを判断しやすい。これに対して，民族や出自など一定の属性によって特徴づけられる統一的意思をもたない集団に対する侮辱的表現は攻撃客体の具体的個別性を欠くことから個人的社会的評価を保護する名誉侵害犯の構成要件に該当しないということになる。[34] それでは，民族や出自などのいわゆる人々の属性に向けられた侮辱的表現は社会的に見て侵害的ではないと言い切れるであろうか。人々は民族，出自，国籍，性別など属性を有している。これらは本人の努力では変更できないものでもある。属性とは社会において人々を区別する重要なファクターとなりうる。それは人種や民族による特徴または地域的特徴を明らかにするために用いられる。そのためだけでなく，人々に優劣をつけるためにこれらのファクターが用いられることがある。それが直接個人に向けられる場合もあれば，街宣活動やデモの場で，拡声器などを用いて大声で，ある民族

や出自によって特徴づけられる集団に対して侮辱的表現をする場合，また，インターネット上で，これらの集団について侮辱的表現をする場合も考えられる。直接個人に向けられた属性に対する侮辱的表現の場合に，表層的には個人の社会的評価を低下させる可能性があるが，侮辱の内容が被害者個人にのみ専属的に関係する事柄ではなく，被害者の属する集団に関係する事柄であり，しかもこの集団関係的事項が他と区別するために重要であることから，これに属する個人に対する侮辱的表現の手段としても用いられる。その際，個人に対する侮辱と同時に，その集団そのものに対する侮辱も行われている。なぜなら，集団に対する蔑視観によらなければ，集団関係的事項を用いて個人を侮辱することに意味はないからである。集団に対する侮辱的表現は単に個人の社会的評価の低下だけで言い尽くすことのできない問題を孕んでいる。

■ドイツにおけるヘイト・スピーチ規制

　以上の問題に対する法的対応の糸口を提供するものとして，日本の刑法が多くの影響を受けているドイツ刑法において民衆扇動罪（130条）がある。[35]

　民衆扇動罪は，直接的な人間の尊厳に対する侵害の前段階において歴史的に危険であると証明された固有の推進力（Eigendynamik）が始動することに対処し，その端緒を抑止するために制定された。[36] 本刑罰規定の保護法益は，公共の平穏と人間の尊厳とされる。[37] 公共の平穏とは，公共の法的安全の保たれた，しかも恐怖から解放された国家市民の共同生活という客観的に明白な生活状態のことである。ドイツの立法者は直接的な人間の尊厳侵害の前段階において刑法的保護の前倒しの方法で様々な集団に属する者の平穏な共同生活を毀損する政治的雰囲気を阻止しようとした。なぜなら，一定の人々が同等な人格としての生存権を否定されしかも低い価値の者として取り扱われ，扇動的表現により一定の集団に対する敵愾心を高められまたは強固にされ，そのことによって一定の集団に対する暴力的行動を準備させ，そして暴力行為へと潜在的行為者が扇動されるからである。[38] 民衆扇動罪は，全ての侮辱ではなく，特に重大な人間の尊厳に敵対的な攻撃が構成要件に該当する。つまり，ドイツ刑法130条1項の行為態様に拡張された名誉保護の機能が与えられているわけではない。そのような攻撃は，攻撃された人々が，国家的共同体における同等の価値を有する人

格としての縮減させられない生存権を否定され，そして低い価値の者として取り扱われる場合に存在する。攻撃された者の人間性が否定され，問題視され，または相対化され，被害者がその人格の中核領域に対して被害を受けなければならないとされる。ここでは，個人の法益の侵害は明らかに個人と他の社会構成員との関係が集団に属することを理由に害され，個々人が平穏に生活できず，一定の集団に属することを根拠に他の社会構成員から差別されしかも敵対視されるような社会的雰囲気のそれとは区別される。オステンドルフは，民衆扇動罪では，攻撃の対象とされる住民集団は，彼らの人間の尊厳において保護されるとし，それは多数の，住民の一部として包括された人々，つまり数量的な人間の尊厳（quantitative Menschenwürde）であり，人間の尊厳に対する基本権は常に人格関係的であるが，多数の人々の人間の尊厳を保護することを排除するものではないと述べる。本条では人間の尊厳に対する攻撃が刑罰のもとに置かれ，人間性に対する犯罪（Delikt gegen die Menschlichkeit）と解する。

■ ドイツにおけるヘイト・スピーチ規制の実際

　本条における法益の危殆化はどのような表現によって惹起されるのであろうか。

　本条1項1号の「憎悪をかき立てる（zum Hass aufstachelt）」要件に関して，出版社の社長である被告人が「アウシュヴィッツ神話，伝説それとも現実?」と題する本を出版し，その文章に「ユダヤ人は，民族虐殺の嘘をつくり出した者として，ドイツ人に対する政治的抑圧と経済的搾取を企てている」，との主張をしたこと，午前4時10分頃，警察車の前部と後部に紙を貼って，そこにスプレーで2カ所に「ユダヤ人くたばれ」と書き，数カ所にハーケンクロイツを描いたこと，「おまえら異国人はユダヤ人のようにガス死させられるべきだ」と外国人の電車の乗客に向けて表現したこと，インターネットの3つのアドレス上で「ドイツコレーク」と題するタイトルで文章を掲載して，外国人労働者の失業保険制度からの排除，ドイツ市場での外国人労働力の雇用の禁止，外国人労働者の稼働禁止，失業した外国人の排除，ドイツに住んでいる外国人を「駆除されるべき集団」として表現したこと，「難民申請者は詐欺師で，一生懸命働いているドイツ人の犠牲の下で豊かな生活を送り，社会の寄生虫として間

抜けなドイツ人を見て楽しんでいる」と描写したこと、「ダッハウ（のガス室）がもはや熱せられていないのが残念だ」と外国人に向けて表現したこと、被告人共同被告人とともに2新聞社に2通の手紙を送ったが、そこで、「『死んだドイツ人は良きドイツ人だ』といつもユダヤ人が言っているように、われわれも同じことをユダヤ人について言う権利を得た」、と表現したこと、パンフレットを作成して、そこに「『ヒトラーガス室』や『ユダヤ人に対する民族虐殺』はなかった。ユダヤ人に対する民族虐殺はシオニズムに端を発する嘘で、巨大な政治的かつ経済的詐欺である」と記述したこと、「ドイツ系ユダヤ人というマイノリティは、嘘の歴史を使ってドイツを縛り上げ、利用しつくしている寄生虫国民だ」とユダヤ人を特徴づけたこと、「ユダヤ人！！」と怒鳴ったこと等の表現行為があげられる。

「暴力的若しくは恣意的な措置を求める」要件に関して、(zu Gewalt- oder Willkürmaßnahmen auffordert)、「ユダヤ人は出ていけ」、「外国人は出ていけ」、「トルコ人は出ていけ」等の表現とともに侮辱的表現をすることがその典型といえるが、判例では、被告人は祝典に行く道すがら、50人ほどの人々が3人〜15人のグループに無秩序に分かれながら歩いている際に、「勝利万歳、外国人は出て行け、高い国民的連帯を、ドイツをドイツ人に」と集団で連呼したこと、被告人がナチスの宣伝資料確定や事業所のポストに投函するだけでなく、公共の建物のできるだけ目立つ場所にハーケンクロイツの貼り紙や「ユダヤ人のところでは買うな」との張り紙をしたこと等がある。

同項2号（「悪意で侮蔑し若しくは中傷することにより、他の者の人間の尊厳を害した」）に関して、同1号とは異なり、人間の尊厳の侵害を構成要件としている。そもそも刑法130条において犯罪化されている行為は人間の尊厳に対する攻撃を含んでいるので、実際には同号だけが人間の尊厳を構成要件要素としているからといって何らの変更も生じないとされる。人間の尊厳に対する攻撃は、個々人の人格権（たとえば、名誉）に向けられる場合だけでなく、攻撃が平等原則を無視して低い価値の者であるとし、共同体における生存権が否定されることによって、彼の人格の中核に対して行われた場合もあるとされる。カールスルーエ地方上級裁判所は、被告人が水門を管理しており1992年10月25日頃、船長からビラをもらい、それを執務の建物の外壁に設置されている、事務

上および他の航行にとって重要な事項を掲載するために設置され，しかも一般の人も見ることのできる陳列ケースにそのビラを張った事案について，本号の適用を肯定した。それによれば，そのビラの内容は，以下のようなものである。

「ドイツの庇護を求める詐欺師は，
——キリスト教民主同盟と自由民主党，特に社会民主同盟と緑の党に可愛がられ，
——ドイツの納税者によって我慢されている。しかもこの詐欺を経済的にまかなわければいけない。
しかも全くこう見えるよ。
ドイツの庇護を求める詐欺師さんたち，お元気かい??
すばらしい。ドイツ人にエイズをもってきてね。
海から直接やってきて，まるで雪のような白い麻薬をもってきて，夏も冬もそれをばらまいて，しかも多くをドイツのこどもたちに撒いている。仕事をしなくてもいい，なんてすばらしい。間抜けなドイツ人を工場に連れて行って働かせ，自分たちにはケーブルテレビがあって，ベッドで寝転がっている。じきに太っていくんだよ。……。」[58]

■ 小　　括

これら判例に現れた具体的な事例は，個別的な人に向けられたというよりも，一定の属性によって特徴づけられる集団に向けられた侮辱的表現といった方が正確である。ましてや表現行為の現場に標的とされた一定の属性を有する集団が現在しなかった場合には特にそう言える。これらの表現は，直接的に個人の名誉を攻撃しているないし個人の名誉だけを攻撃しているとは言い難い[59]。むしろ，一定の属性によって特徴づけられる集団に向けた攻撃を意図した表現といえる。これらの表現が「公の平和を乱し得るような態様」で行われることを構成要件は予定しているので，全ての侮辱的表現が構成要件に該当するわけではない。このような限定は，きわめて攻撃的な意図とこれを具体化する行為態様で行われる侮辱的表現に処罰範囲を限定することにもなる。このような限定とは，単に自己の思想・信条の自由の範囲に止まるものではなく，一定の属性をもつ集団への攻撃手段としての侮辱的表現に構成要件該当行為が絞られるということである。つまり，「差別落書き」という一人の個人による陰湿な表

現行為を超えて，街宣活動などを利用した暴力的な態様で行われる侮辱的表現が問題なのである。

　この侮辱的攻撃は，一定の属性によって特徴づけられる集団に属する人々を自分たちとは異なる存在であると示すことにその真の目的を見ることができる。ここでは，攻撃客体とされる人々は，共に生活している社会において「二級市民」，「人間以下の存在」，果てには「敵」へと貶められ，従属的地位に置かれ続けることになる。

　ドイツでは，民衆扇動罪の法益を人間の尊厳とも理解している。ドイツ連邦憲法裁判所は，「ドイツ刑法130条に基づく処罰の前提は人間の尊厳に対する攻撃である。人間の尊厳は，表現によって他人の名誉または一般的人格権が関わる場合に，つねに攻撃されるとは限らない。ドイツ連邦憲法裁判所の判例によれば，憲法上，ドイツ基本法1条1項によって保障される人間の尊厳は社会的価値および尊重要求を保護している。これは，人を単なる国家の客体にすることまたはその主体を問題視するような取扱いをすることを禁止する。これと一致して，ドイツ連邦憲法裁判所は，人格の名誉の侵害だけが『人間の尊厳の攻撃』として当てはまるわけではないことを前提とする。むしろ，攻撃された人が国家共同体における同等の価値のある人格としての生存権を否定され，彼が価値の低い存在として取り扱われることが要件である。この攻撃は，したがって彼の人間の尊厳を形成する人格の中核に向けられているのであり，個々の人格権だけに向けられているのではない。」と判示する。ここで属性に向けられた侮辱的表現によって侵害・危険にされる法益の中身が見えてきた。国家共同体における同等の価値のある人格としての生存権を否定され，価値の低い存在として取り扱われることが人間の尊厳に対する攻撃を意味するのである。

　しかし，人間の尊厳に対する攻撃としてヘイト・スピーチを理解するだけで侵害の実体を十分に把握したことになるのであろうか。人が人であるがゆえに生来的に賦与される人格的尊厳に対する侵害の側面もさることながら，ヘイト・スピーチが発するメッセージは，攻撃対象である一定の属性を有する集団に対して，当該属性を有することを理由として，「二級市民」，「人間以下」であるとしてその地位を格下げすることをその中身としているのだとすると，人間の尊厳から導かれる対等かつ平等であるはずの社会的地位を侵害・危険にさ

らし，そのことによって継続的に不当な地位に貶められ続けることにあるのではなかろうか。また，人間の尊厳というだけで，共に生活している社会において一定の属性を有する集団に属する人々を「二級市民」，「人間以下の存在」，果てには「敵」へと貶めて不当に扱い，それによって従属的地位にあり続けることを強いることの侵害性を語り尽くせていると言えるであろうか。極端な言い方になるかもしれないが，そもそも全ての法は人間の尊厳を保護することを根本的理念として創造されているはずである。人間が法社会を形成し，維持，発展させる主体であるとすると，法の任務の根本は，人間の尊厳の保障に尽きる。そうだとすると，人間の尊厳の保障というだけでは，何も保護していないといわれても仕方がない。その意味で，共に生活している社会において一定の属性を有する集団に属する人々を「二級市民」，「人間以下の存在」，果てには「敵」へと貶めて不当に扱い，それによって従属的地位にあり続けることを強いるような侮辱的表現行為が何を侵害するのかを検討する必要がある。

〔註〕
1) 大判大15年 3 月24日大審院刑集 5 巻117頁。最決昭58年11月 1 日刑集37巻 9 号1341頁。
2) 窃盗罪（刑235条）や強盗罪（刑236条）等の他「人」は，財物の占有者を自然人に限定する必要はないから，当然，法人も含む。
3) 団藤重光『刑法綱要各論（第 3 版）』（創文社，1990年）511頁。
4) 「法益の保持者であり名誉侵害の可能的被害者は一般的見解によれば各々の生存している人である。」(Rainer Zaczyk, in: Nomos Kommentar zum Strafgesetzbuch, 3. 2013, Aufl, S. 1280.)。
5) 山口厚『刑法各論（第 2 版）』（有斐閣，2010年）136頁。
6) 団体や集団を保護客体とすることに反対する見解によれば，「『名誉』という法益は，元来，自然人の人格の尊厳に由来するというものであって，社会的評価であることから直ちに法人にも『名誉』があるという結論が導かれるわけではない。むしろ，『名誉』の憲法上の地位を憲法13条の『個人としての尊重』に求めるのであれば，そこにいう『個人』はいうまでもなく自然に限られるのであって，ゆえに『名誉』もまた自然人に固有の法益である」（松宮孝明『刑法各論講義（第 3 版）』（成文堂，2012年）148頁）と指摘する。
7) また，「一個の名誉の主体たり得るためには，単一の評価の成立しうる団体でなければならないから，家族などは含まれないであろう。」（中森喜彦『刑法各論（第 3 版）』（有斐閣，2011年）76頁）とされる。内田（文）によれば，「『家族』は，それ自体が，権利・義務の主体たり得るのではなしに，その構成員が個々的に人としての名誉を有しているのであるから，構成員全員の名誉を毀損すること，あるいは，娘に対する名誉毀損が，直接父親に対する名誉毀損となることは可能であるが，家族そのものは名誉の主体たり得ないものと考えるべきであろう。」（内田文昭『刑法各論（第 3 版）』（青林書院，1996年）210頁以下）。

8) 一定の属性によって特づけられる集団を攻撃するために行われた侮辱的表現に関して，「集団」を肯定することで侮辱罪を肯定した判例として，平23年10月28日大阪高裁判決（大阪高判平23年10月28日LEX/DB25480227）がある。また，これに対応する民事判例として，平25年10月7日京都地裁判決がある。それによれば，「示威活動①の映像は，多数のけんか腰の大人が学校の門の前で大声で怒鳴り散らすという刺激的な映像であり，必然的に，本件学校を世間の好奇の目に曝すという効果を持つ。したがって，示威活動①及び映像公開①は，本件学校を世間の好奇の目に曝しながら，本件学校を経営する原告が，昭和35年（本件学校が本件公園北側に移転した時期）から平成21年まで50年間もの長きにわたり，本件公園を不法占拠したこと，原告が本件学校の敷地も暴力で奪い取ったこと，本件学校が北朝鮮のスパイを養成していること，本件学校の児童の保護者は密入国者であることを，不特定多数人に告げるという行為あり，原告の学校法人としての社会的評価たる名誉・名声（以下，単に「名誉」という。）を著しく損なう不法行為である。」として，学校法人について民法上の名誉毀損の保護客体として認めている（京都地判平25年10月7日LEX/DB25501815）。
9) 前掲註3）団藤・516頁。
10) 大塚仁・河上和雄・佐藤文哉・古田佑紀編『大コンメンタール刑法（第2版）第12巻』（青林書院，2003年）15頁［中森喜彦執筆］。
11) 前掲註5）山口・136頁。
12) 前掲註5）山口・136頁。
13) 前掲註10）中森・16頁。
14) Rainer Zaczyk, in: Nomos Kommentar zum Strafgesetzbuch, 3.Aufl, 2013, S. 1281.
15) Tröndle/Fischer, Strafgesetzbuch, 54.Aufl, 2007, S.1245.
16) Heribert Ostendorf, in; Kindhäuser/Neumann/Paeffgen（Hrsg.），Strafgesetzbuch（Band2），2. Aufl, 2005, S.3347.
17) BGHSt 6, 186.
18) Tröndle/Fischer, Strafgesetzbuch, 54.Aufl, 2007, S.1249.
19) Tröndle/Fischer, a.a.O. S.1248. こどもや精神障害者も含む。
20) BGHSt 19, 235.
21) Ostendorf, a.a.O. S.3353.
22) Eric Hilgendorf, in; Leipziger Kommentar StGB（Band6），12.Aufl, 2010, S.1248.
23) BGHSt 14, 48.
24) NJW 1952, S.1184.
25) BGHSt 11, 207. 本判決は，被告人が友人に当てた手紙に次のように書いたことを事案とする。「ユダヤ人は毛皮についているシラミのようだ。ヒトラーは社会と一緒になってこれをきれいに駆除したのだ。これが再び現れ始めている」。この手紙の内容は，E博士に向けられたものであり，被告人は彼のことをユダヤ人だと勘違いしていた。ドイツ連邦通常裁判所刑事部は，多数人が関係する個々人の範囲が明確に区分されるほど一般から際だつ場合には，表現が集合的表示・集団を示す表示によって多数人を侮辱し蔑むことが可能であることは判例や文献において認められており，現在ドイツに生存し国家社会主義時代の迫害の被害者であったユダヤ人はその以上に過酷な運命の結果一般から際だつほど区分される集団を構成すると判示した。本部は，「ユダヤ人」を侮辱可能な対象とするのではなく，ユダヤ人として国家社会主義によって迫害された人々が対象と見なすとし，この範囲は明確だと判示する。本部は，これらのユダヤ人をその数ではなく，国家社会主義による迫害によって特徴づけられる運命ゆえに侮辱可能な人的範囲として認められる。また，本部は，

ユダヤ人は，宗教，人種または活動によってではなく，国家社会主義によって被った運命輸贏に公共において狭く画別された集団と見られるのであり，「プロテスタント」，「カトリック教徒」，「科学者」などの標識は，国家社会主義によって迫害されたユダヤ人の人々と比較可能な出来事をもって一般から際立つような単位とは結びつけられないと判示する。

26) BGHSt 36, 83. NJW 1989, S.1365.
27) Vgl, Markus Wehinger, Kollektivbeleidigung, 1994, S.60.
28) 上村都「集団に対する侮辱的表現」日本法政学会法政論叢36巻1号（1999年）151頁。
29) Wehinger, a.a.O. S.57.
30) Wehinger, a.a.O. S.58.
31) Wehinger, a.a.O. S.58f.
32) Karsten Krupna, Das Konzept der „Hate Crimes" in Deutschland, 2010, S.100. ここでは運命共同体という要件が，集団が概観可能でない場合に重要となる。
33) MDR 1981, S.868.
34) 憲法学の見地から規制を肯定する見解として，「差別的表現の規制については，特定の相手方に向けられた表現に対する規制が厳格審査を満たす場合に限り，例外的に処罰が正当化される可能性があるにとどまるというべきである。」，との説示があるが，このことは，既に現行刑法上の名誉侵害罪でカバーされている（藤井樹也「ヘイト・スピーチの規制と表現の自由」国際公共政策研究9巻2号（2005年）14頁。
35) ドイツ刑法130条1項（民衆扇動罪）
「公の平和を乱し得るような態様で，
1　国籍，民族，宗教，またはその民族性によって特定される集団，住民の一部に対して，又は上記に示した集団に属することを理由に若しくは住民の一部に属することを理由に個人に対して憎悪をかき立て若しくはこれに対して暴力的若しくは恣意的な措置を求めた者，又は
2　上記に示した集団，住民の一部又は上記に示した集団に属することを理由として個人を冒涜し，悪意で侮蔑し若しくは中傷することにより，他の者の人間の尊厳を害した者は，3月以上5年以下の自由刑に処する。」。
　現行規定は，2011年3月16日に改正されており，同年同月22日に施行され（BGBⅠ, 418)た。従来は集団に対する侮辱的・差別的表現を構成要件該当行為としていたが，それにとどまらず，今回の改正では，これに属する個人に対するそれも構成要件に含めることにより，行為客体を拡張している。参照，2003年，欧州評議会の「コンピュータシステムを通じてなされる人種差別及び排外主義的性質の行為の犯罪化に関する欧州サイバー条約の追加議定書の2条及び5条」。内野は，「A氏は，○○人種だから不潔で定脳である」という発言を示して，この場合，侮辱されたのは，A氏だけでなく○○人種の全体である，と見ることもできようと説示するが，このような表現が公の平和を乱し得るような態様で行われた場合には，ドイツ刑法130条に該当することになろう。参照，内野正幸『差別的表現』（有斐閣，1990年）5頁。
　なお，民衆扇動罪の旧規定はつぎのとおりである。
「公の平和を乱し得るような態様で，
1　住民の一部に対する憎悪をかき立て若しくはこれに対する暴力的若しくは恣意的な措置を求めた者，又は
2　住民の一部を冒涜し，悪意で侮蔑し若しくは中傷することにより，他の者の人間の尊厳を害した者は，

3月以上5年以下の自由刑に処する。」。
36) BGHSt 46, 212.
37) Matthias Krauß, in; Leipziger Kommentar StGB(Band5), 12.Aufl, 2009, S.452. Jürgen Schäfer, in; Münchner Kommentar StGB(Band3), 2.Aufl, 2012, S.649.
38) Krauß, a.a.O. S.453.
39) NJW 2003, S.685.
40) Krauß, a.a.O. S.454.
41) Ostendorf, a.a.O. S.2754.
42) BGHSt 31, 226.
43) OLG Koblenz 11.11.1976, MDR 1977, S.334.
44) MDR 1981, S.71.
45) NStZ 2007, S.216.
46) NJW 1995, S.143.
47) NJW 1985, S.2430.
48) BGHSt 29, 26.
49) NStZ 1981, S.258.
50) NStZ 1995, S.128.
51) NJW 2001, S.61.
52) NJW 2002, S.1440.
53) NStZ 1985, S.165.「ドイツよ，私はおまえが好きだ。それはバナナでもなく，チョコレートでもない。私は自分の国を失った，それがほんとに悔しい。」("Doitschland ich lieb dich so/das ist keine Banane und keine Schokolade. ich vermisse meine Heimat und das finde ich sehr schade")（BGHSt, Urteil vom 03. April 2008- 3 StR 394/07.)。ここでバナナとチョコレートとは，黒色の皮膚の南方出身者を意味する。
54) なお，ドイツ刑法130条1項の1号と2号の体系についてヘルンレは，130条1項が号を分けて規定を置いたことの意味があるとすれば，後に紹介するドイツ刑法130条1項2号を基本的構成要件として位置づけ，誹謗中傷することで人の尊厳を侵害した上で，これを超えた不法実体を示す行為が同1号に該当すると解する。そのよう行為とは，人々の生命，身体，健康，財産そして自由などの個人的法益を同2号に基づく行為として大規模に危殆化するところにあるとする（Tatjana Hörnle, Grob anstössiges Verhalten, 2005, S.297）。ヘルンレの主張によれば，誹謗中傷することを通じて暴力的・恣意的措置を要求することが明確であるとし，その比較において「憎悪をかき立てる」ことは暴力的・恣意的措置の過程に含まれており，それ自体としては不明確であると解する。したがって，同2号を基本として，人間の尊厳に対する侵害に加えて，生命・身体などの法益に対する危険が存在する場合に同1号の「暴力的若しくは恣意的な措置を求める」要件の適用がある。これに対して，「憎悪をかき立てる」要件の廃止を主張する（Hörnle, a.a.O. S.338）。しかし，1994年の犯罪撲滅法による法改正の目的としては，社会状況に照らして本条の適用を容易にするために，同1号において「人間の尊厳」要件を刑罰規定の構成要件から外した経緯がある。「デモ」などでの「誹謗中傷」により「明白な敵意」を表明することで「憎悪をかき立てる」「暴力的若しくは恣意的な措置を求める」ところに同1号の特徴があると解すべきではなかろうか。しかし，この問題については別の機会に論じたいと思う。
55) 1994年の犯罪撲滅法によってドイツ刑法130条1項から人間の尊厳の侵害が条文から削除された。ドイツ刑法130条1項の1号と2号の適用に関連して「人間の尊厳」の侵害の有無に

ついて，ハム上級裁判所決定は，「表現の自由に照らして，人間の尊厳は不可侵であり，衡量できないので，この構成要件は狭く解釈すべきである。それゆえ人間の尊厳に対する攻撃は，表現によって他人の名誉または一般的人格権が影響を受ける場合には常に仮定することができるわけではない。市民の一部に対する宣伝効果の大きくかつひどい侮辱自体は問題なしにドイツ刑法130条1項2号が予定している特に重大な，人間の尊厳を侵害する攻撃の要件を充足するわけではない。人間の尊厳に対する攻撃は敵対的態度が人間を彼の人格の中核に対して行われ，国家的共同体において同等の人格として生存する被攻撃者の人間性（＝人間であること）を問題視ないし相対化することを要件とする。」と判示している（NStZ-RR 2010, 173. NJW 2008, S.2907.）。本刑罰規定は特に拡張された名誉侵害の機能を与えられているわけではない。ブランデンブルク上級地方裁判所は，「単なる中傷または『単純』罵倒はそれゆえ十分ではない。また明白な差別でもない。むしろ，ドイツ刑法130条1項2号の構成要件には，被攻撃者を国家的共同体における同等な人格として中傷されることのない生存権が否定され，しかも彼を『低い価値』の人間として特徴づけるような特に重大な中傷，歪曲そして差別のみが含まれる。」と判示する（Brandenburgisches Oberlandesgericht, Beschluss vom 15. Mai 2006– 1 Ws 75/06, 1 Ws 76/06–, juris）。このようにして同条2号の適用が否定される場合，同条1号のみが適用される。

56） Ostendorf, a.a.O. S.2758.
57） Schönke/Schröder, 26.Aufl, 2001, S.1219.
58） MDR 1995, S.735. なお，類似事例で同号の適用を否定する判決としてフランクフルト上級裁判所判決がある（NJW 1995, S.143.）。
59） 差別的表現の対象となった人々の名誉を保護法益と解するものとして，前掲註35) 内野・155頁以下。
60） NJW 2001, S.61.
61） 日本国憲法13条は個人の尊重を保障しており，これは「個人の尊厳と人格価値を宣言したもの」とされている（最判昭23年3月24日裁時9号8頁）。個人の尊厳からすると，属性に対する誹謗・中傷が個人の尊厳に対する侵害へと還元されると理解できるかもしれない。しかし，やはりこれだけでは一定の属性を有する集団とこれに属する人々の地位の格下げの問題を把握することはできないように思われる。

第10章

# ヘイト・スピーチに対する処罰の可能性

金　尚均

## I　平等保護としてのヘイト・スピーチ規制

■ 民主政における表現の自由

　日本では，憲法19条で思想信条の自由が保障されている。個人の抱いている立派な考えや発想も，また社会的に見て有害または邪悪と見なされるそれも同じく国家は侵してはならない。個人の内心的自由が保障されなければ，人々は自由に物事を考え，世の中の出来事を観察し，評価し，はたまた創造することはできない。本来的に，思想信条の自由という権利は，自由主義や社会主義などの国家の政治体制に関係なく保障されなければいけない。これが常時制限されている社会では，人々が自分たちの力で社会を構成し，変化させることはほとんどあり得ない。思想信条の自由が保障されていない社会は，一握りの少数の者たちや独裁君主による支配によって全て統制された状態にあるといえ，逐一，支配者による統制と監視を受け，人々の考え方をも統制の対象になるので，そこには支配と服従の関係しか存在せず，また権利も常に一定の留保付きでしか認められず，そもそも「社会」というものは存在しないといえる。

　人が自分の頭の中で物事を考えた際，もちろんこのことをずっと自分の心の中に閉まっておく場合もある。そのような場合，通常ほとんど問題になることはない。これを世の中，つまり社会に向けて発信する場合に，思想信条の自由だけでなく，これを表現することが自由でないといけない。表現の自由の保障がなければ，思想信条の自由は絵に描いた餅であり，思想信条の自由が保障されていたとしても，これを実践する自由がなければ，結局のところ，前者も保障されていないのに等しいと言わざるを得ない。その意味では，表現の自由は，人々が自由に物事を考え，世の中の出来事を観察し，評価し，はたまた創

造する上でなくてはならない基本的人権である。憲法は，その前文において国民主権と民主主義の採用を宣言しているが，表現の自由はこれら2つの根本原理を現実の社会で実践するのに不可欠な権利と言っても過言ではない。したがって，表現の自由は民主政と密接に関連している。

　表現の自由といえども他人の命を害する表現行為は制約を受ける。表現の自由とは，市民が社会における諸問題を自律的に解決するために人々に訴え，また国家権力の不正や怠慢に対して訴えることによって民主政の維持・発展に寄与するところに真骨頂がある。これとは正反対に，根拠なく他人の名誉を傷つける表現は，表現の自由の許容範囲を逸脱している。一定の場合に言論行為は表現の自由の逸脱と評価され，犯罪とされる。この一定の場合とは，他人の名誉を毀損する場合である。名誉とは個人の尊厳から導き出される具体的な権利であり，また，民主政の下では，本来相互に対等で平等な関係に立つ人々によって物事が決められなければならないはずであるということからすると，人々は個人相互間で隣人である他者を尊重しなければならないことは言うまでもない。それが行われなければ，民主政の社会的前提である個人相互の対等な関係は成り立たない。その際，名誉は個人の精神的権利であると同時に，民主政の基礎を構築してもいる。たとえ民主政において表現の自由が保障され，その上で議論を戦わせることで最終的に合意や決定を生み出すことは根本的に重要であったとしても，他人を不当に傷つける言論までも表現の自由として保障されるのでは必ずしもない。つまり，名誉を毀損する言論は表現の自由を逸脱している。

### ■「個人の尊重」では包括しきれない「法の下の平等」の意義

　現実の社会では，単に物理的な個体ではなく，人々は，様々な理由から現在いる場所に存在しており，その意味で歴史的な存在である。また，言葉などの媒体手段を用いて他者とコミュニケーションをとることで社会において存在するという意味で社会的存在である。このような人々の存在に関する歴史性と社会性に照らすと，人々は，各々，個人として尊重されなければならないことは当然のことであるが，同時に，個人としての人には，それぞれの背景がある。それは，たとえば，民族，人種，性，出自等である。このような人の背景は，

彼の属性を構成するのであり，これはまさに歴史的であり，また社会的である。人の背景としての属性は，個々人の人格の一部であると言っても過言ではない。この属性は，本来的には，個人の社会的評価，つまり外部的名誉ではない。なぜなら，憲法14条「すべて国民は，法の下に平等であつて，人種，信条，性別，社会的身分又は門地により，政治的，経済的又は社会的関係において，差別されない。」と定められているように，そもそも，その属性如何によって評価されることがあってはならないからである。しかし，このような議論は，現実の社会を直視するならば，ある種の理想論になるかもしれない。悲しい現実として未だ差別が社会にはある。人が，同じ人である他者を，低劣・低俗として扱う。たとえば，人は，個々に固有の名前をつけるなどして自らを他人と区別する。それは，固有の存在としての自己のアイデンティティを確保するという意味できわめて社会的に重要である。名前に始まって，私たちの社会は差異を利用することで社会システムを形成している側面がある。しかし，その差異が，自己と他者のコミュニケーションのために利用されるのではなく，他者に対して憎しみや蔑みの感情を持って，不平等な関係を形成するために用いられる場合，それは差別となる。いわれのない偏見や蔑みが社会化されている場合が多々ある。安西文雄は，差別はグループを対象にしており，それがグループの経験だとすれば，差別を社会から除去してゆく救済においても，グループ全体としての社会的地位を向上させる方途をとらなければならず，差別されているグループに属する個人に対して，ある差別行為があった場合，当該個人に関して当該差別行為からの救済を行ったとしても，彼が属するグループが差別されている状況が存する限り，同様の差別は繰り返されてしまうからだと指摘する。[1] 安西は，差別を平等の侵害と解し，[2] 平等侵害の害悪には，平等が関わる当該諸権利，機会の喪失という有形的なものにとどまらず，スティグマを押しつけるという心理的な害悪があること，しかもそれが蓄積的であると述べる。[3] 社会化された差別や偏見は，個人においてその意識に根拠なく根付いている。いわばそのように認識することが当たり前のようにである。このように差別というのは，歴史的な背景を有する深刻な問題であり，しかもそうであるがゆえに人々の社会生活において蔑視・偏見を生み，他人を「不当に」区別することから，社会的な問題でもある。そのため，差別は，個人に向けられることが卑

劣であることに違いはないが，それが歴史的・社会的であることから，社会，すなわち，街宣活動やインターネットなどで，広く一般に向けて差別表現が行われる場合もあり，これにより一層社会における差別意識や偏見を醸成させることも大いに考えられる。安西は，カーストの議論を用いながら，平等な市民的地位の原理を社会における十全たるメンバーシップの尊厳であるとし，それが格下げ，スティグマの押しつけ，といったことをされないことの保障であるとしつつ，スティグマを押しつける不平等の実体として「自尊」に対する害であり，しかもスティグマを押しつけられた犠牲者を十全たる人間として扱わないので，犠牲者の自尊のみならず，他の諸々の善をも失うと指摘する[4]。つまり市民としての地位そのものを格下げし，自尊を侵害するのである。奥平は，人権における差別問題は，「法の下の平等」という一般的レベルにおいてではなくて，当該人権に対する制限・禁止の許容性の問題，つまりそこで問われている人権の問題とし[5]，「基本的人権」の世界には憲法14条が入り込んで何かをする余地はないと述べるが[6]，市民としての地位の格下げと自尊の侵害の中に法の下の平等が一般規定にとどまらない理由がある。たとえば，アメリカにおいて個人は社会における尊重されたメンバーとして認められないという害を受けていたのであり，その結果として教育の側面に限られず，およそ社会におけるありとあらゆる側面においてシステマティックに諸権利，利益を制約されていたわけである。問題の根本には地位の格下げ，スティグマがあり，平等こそがこの根本問題をとらえうると述べる[7]。安西は，ある権利，利益が不公正に分配されることが平等侵害であるととられても間違いではないが，しかし，諸々の権利，利益の不平等分配があり，それが不平等の犠牲者たる人々の，社会における地位の格下げ・排除との相互関係において捉えるのであれば，平等独自の視点が前面に出てくるのであり，つまり，地位を格下げされ，スティグマを押されると，人は相互尊重の枠組みから外され，自尊の社会的基礎を奪われるのであり，これに対して自尊を保障するのが平等であると指摘する[8]。

■ 社会的平等に対する危険とヘイト・スピーチ

民族，出自，性別等の属性に向けられる侮辱的表現には，個人に対する社会的評価の低下の側面とは異なっている。確かに権利は主観的なものであるが，

第10章　ヘイト・スピーチに対する処罰の可能性　169

それを取り巻く客観的な環境が主観的権利に諸々の影響を及ぼすことがあり，客観的環境が或る形で存在することが，主観的権利にとって望ましいまたは求められる[9]。まとめると，平等に関して，権利保障の不十分さや不当に重く義務が課されることだけを問題にするのではなく，権利・義務の不平等分配の背後に，不平等処遇の犠牲者たる人々の社会的地位の格下げという害悪とこれによる自尊の侵害を見て取るべきである[10]。このような意味を込めて，一定の属性によって特徴づけられる集団に対する侮辱的表現は社会的な平等関係（の構築）を阻害し，集団に属する人々の社会参加をする機会を阻害する側面をもっている。なぜなら，このような侮辱的表現は，人を人として見ない，人に格差をつけること，つまり「二級市民」，「人間以下」として蔑むことに本質があるからである。憲法14条を法律的な意義での平等を，差別的取扱いの禁止に限定してしまうことは，差別のある社会的状態を是正することと憲法14条を別次元の問題としかねない。そうではなく，法の下の平等は，法適用の平等性・公正性，権利・義務の公正な分配，法的保護の平等性，生きる権利の平等な保障をその内実としていると考えるべきである。特に，最後の生きる権利の平等の保障とは，法が保護すべき根本的権利である生存権保護の平等を意味するが，属性に対する侮辱的表現は，集団に属する人々に対して平等な法適用，権利保障そして権利の行使を否定している。「二級市民」，「人間以下」とは，「人間じゃない」ということであり，対等で平等な人として法の下に平等に生きることを否定している。

　一定の属性を有する人々一般に向けられた侮辱的表現については，表層的には，人格権の否定（自分が人間としての自分であることを否定される）そして生存権の否定（対等な人間として生きる権利・法の下において平等であることを否定される）が問題になる。しかし，その実態としては，特定の属性をもつ人々が生きながらして人格権・生存権を否定されながら生き続けなければならないという意味において，その侵害が継続している状態にある。ここでは，不平等，つまり，個人を特定できないということではなく，公共の場において一定の属性に向けて侮辱的発言をすることで「民主主義社会における根本基盤である対等で平等に生きること」（＝社会的平等）を否定している[11]。

　社会においては，人々は，自己の歴史の一つとして出自，性向，民族などの

属性を有することは実態として認識されている。社会の構成員である人々は，この属性に基づいて人格形成をし，自らのアイデンティティを形成・確保する。とりわけ社会の少数派となる属性を有する人々は，自己のアイデンティティを形成・確保するために自己の属性を強く意識することもある。社会は単に何らの背景も持たない個人の集まりとして形成されているだけではなく，様々な属性を有する個人から形成されている。その意味で，社会的存在としての個人にとって，彼の有する属性もアイデンティティに含まれる。この属性に対して侮辱または差別的表現行為をすることは，当該性を有する人々を対等な人間とは見ず，社会における平等関係を毀損することにつながる。

　特に，公共の場での外国人差別デモの蔓延・頻繁化は，このような差別的表現行為に対する規制を促す事情として理解することができる。その際，規制手段が法的なものであったとしても，即自的に表現の自由に対して萎縮効果を及ぼすと評価するのは早計ではないだろうか。反対に，公共の場での差別的表現行為を表現の自由の名の下に「許容」することの方が該属性とこれを有する人々を社会的に否定・排除することになり，民主主義的社会の根本基盤である平等関係を毀損することになる。憲法14条の「すべて国民は，法の下に平等であつて」の規定は，何も不平等な取扱いだけを問題にするのではない。例えば，法律上の不平等な取扱いは，その効果として法の保護を受けられない人々をそうでないから区別することになる。それは法的権利の享受主体であることから排除されることを意味し，その結果，社会的に見て，その地位は「格下げ」されることになる。また，社会において，一定の属性を有する人々に対する差別が現在するにもかかわらず，つまり，偏見などから差別的・侮辱的な表現行為がおこなわれているにもかかわらず，これを放置した場合，このような行為は，いわば表現の自由へと包摂されてしまう可能性がある。そうであれば，法律上の不平等な取扱いだけを法の下の平等の内容と解することで，憲法そのものが一定の属性を有する人々の格下としての地位を是認することになりかねない。[12]

　現行憲法が制定される以前から今日に至るまで存在する差別もあれば，社会の変遷の中で生じる差別もある。それは現行憲法の制定の前後で様々であるといえるが，人を不当に区別する行為に対しては国家として対処する必要があ

る。また，安西によれば，人種的マイノリティに向けられたヘイト・スピーチについて，これが社会における人種的グループの格差にも絡んで，マイノリティを打ちのめし，彼らに深刻な心理的ダメージを与えたりすることが認識されることから，こういうヘイト・スピーチに対する規制は，必ずしも悪性のものとはいえないとしながら[13]，マジョリティにもマイノリティにも及ぼし，えてして規制権力を握るのはマジョリティの側であることから，歴史的・社会的脈絡から離れた抽象的な個人が前提とされ，人種的マイノリティに向けられたヘイト・スピーチが，マイノリティの置かれた歴史的・社会的位置づけとあいまって，彼らに強いショックを与えたり，沈黙を強いたりすることが認識されがたいと述べる[14]。この説示はヘイト・スピーチ規制ができたとしても，それがいわゆる人種的マイノリティを抑圧するために向けられる可能性もあることを示唆しており，大変傾聴に値する。人種差別に限らず，ヘイト・スピーチ規制の制定に全面的に依拠して社会における差別問題を解決することは期待できない。その意味で，ヘイト・スピーチに対する法的規制は単にその一端を担うに過ぎない[15]。けれども，道路使用許可を取ってデモンストレイションが行われ，侮辱的表現をまき散らすことが，「表現の自由」の名を借りて，いわば権利行使として行われることを甘受すべきなのであろうか。マジョリティとマイノリティという言葉を用いることが適切であるとすれば，マジョリティのマイノリティに対する新たな弾圧を抑制するためにヘイト・スピーチ規制の制定を控えるべきと考えるのは，その主張の荒唐無稽さにもかかわらずヘイト・スピーチをまき散らすデモンストレイションが行われている事情を軽視しているように思われる。現実は，聴くに値しない議論は良質の議論によって駆逐されるとは必ずしも言い難い。このような事情からすると，規制に対する消極的態度や決定もマジョリティによって下されるのであるとすれば，それはヘイト・スピーチ規制を制定すべき立法事実があるにもかかわらず，これに目を背けるのと同義である。

■ 民主政から見たヘイトスピーチの「害悪」

　また，日本は国民主権のもとで民主主義を政策決定の根本的制度として採用している。民主政は，人種，信条，性別，社会的身分又は門地に関係なく，個々

人が他者と等しい権利を有し，対等な関係にあることを大前提としている。こうした関係のもとで社会における諸決定のプロセスに関与することが等しく保障されなければならない。上記の相違や経済的格差に関係なく，人々の政策決定プロセスに関与する機会の保障が具体的な内容である。そうでなければ，民主主義の実施は到底可能ではない。これによって民主政の政治的な枠組みが形成される。この枠組みは，政治的レベルだけでなく，その前提となる社会的レベルにおいても形成されなければならない。一定の属性によって特徴づけられる集団に対する侮辱的表現は，それが不特定または多数の人々に向けて行われる場合，公共に対して偏見と蔑視を醸成する可能性が高い。民主主義社会においては，個々の市民が社会を構成する主体である。その際，まず何はともあれ，平等であることが保障されていなければならない。それなしには，現実の社会では，社会に参加する機会を得ることができない場合がきわめて多い。集団に対する侮辱的表現は，それに属する人々全体と社会「一般」という形で不当に区別する重大な契機であり，その意味で民主主義社会にとって脅威である。このような表現は，民主主義にとって不可欠な社会への参加を阻害するという意味で社会侵害的といえる。

　社会生活において人々が他者との関係において対等であり，平等でなければ，政策決定プロセスへの関与は絵に描いた餅にすぎず，その実現は困難である。一定の人々を不当に差別することは，社会的レベルでは彼らを他の者たちとは異なる，つまり対等ではない者たちと見なすことである。これは，対等ではないと見なされた者たちのあらゆる機会を奪うことになる。ないしは機会を得ることを阻害する。このような状態は，歴史が教えるように，政策決定プロセスへの関与のためのアクセスそのものを不可能にする。

## II　集団に対する侮辱的表現の規制のあり方

### ■ヘイト・スピーチの「害悪」

　他の者たちとは異なる，つまり対等ではない者と見なすことは，個人に対して行われることが典型的であるが，それに限定されるわけではない。社会においては，人は属性を有している。属性とは，生物学的，歴史的，社会的など，

様々な背景をもって形成されてきた。人は個人として尊重されなければならないことは言うまでもないが，個人としての人はそれぞれ属性を有し，これを自己のアイデンティティとして認識する場合も多い。また自己の意思とは関係なく有する場合もある。対等ではない者と見なすとか，差別することは，具体的な個人に対して行われる場合と，属性に対して向けられる場合がある。前者の場合，その個人が有する属性を理由に差別することが典型である。後者の場合，個人に対する差別と同時に属性に対しても差別が行われる。またある属性そのもの一般に対して差別が行われることがある。属性に向けられた侮辱的表現について個人が特定できないとして法的規制から外されることにより，これに属する人々の生存権・人格権は侵害されたままであり，二級市民・人以下の評価を受け続け，自尊が侵害され続ける。このような侮辱的表現はその表現内容から行為者の意図において明白であり，つまり「二級市民・人以下」として扱うことであり，それは一定の属性をもつ集団を従属的地位に置くことになる。ヘイト・スピーチは行為者の意図を直接的に表しており，この集団に属する人々を別異な取扱い，しかも従属的地位に置くことを正当化しようとする。しかし，ヘイト・スピーチは，「民主主義社会における根本基盤である対等に交渉することが保障され，人格権・生存権を保障され続けている（法の下に平等な）環境で生きること」を否定し，特定の属性をもつ人々が生きながらにして人格権・生存権を否定されながら生き続けなければならないという意味において，一時的な人格権・生存権の侵害だけでなく，その侵害状態が継続する，つまり不平等な状態に置くのである。

　上記の議論は，未だ日本の刑事法制上処罰対象にされていない行為と攻撃客体を扱っている意味で刑事立法論といえる。それゆえ理念論を述べてきたとも言える。立法には妥協が必要であるとかねてから述べられてきた。註8）で示した大阪高判平成23年10月28日判決が集団に対する侮辱罪を肯定しているように，一定の属性を有する集団・人々が通う学校などを統一的意思主体をもった集団として捉え，その集団の属性を蔑むような侮辱的表現について名誉毀損罪または侮辱罪の適用の可能性を探ることも一つの案である。しかし，これでは把握ないし概観可能な規模の，統一的意思をもたない集団に対するヘイト・スピーチは処罰の射程外に置かれることになる。このような問題意識からする

と，ドイツ刑法185条以下における集団を表す表示（Kollektivbezeichnung）のもとでの侮辱的表現に対する規制の可能性についても検討の余地があると思われる。

■ 小　　括
　表現の自由は万能ではない。その意味は，現行法上，名誉毀損罪と侮辱罪が規定されており，そこでは（具体的な）集団も保護の対象と認められている。ここでは直截に個人の名誉が毀損されている。これに対して，人の属性などに向けられる侮辱的表現は具体的個人の名誉を毀損するわけではない。そうだからといって「表現の自由」ということにはならない。ヘイト・スピーチは属性を有する人々一般に向けられており，社会において彼らを蔑む。ここで社会において蔑むとは，ふつうの人とは違う存在，「二級市民」ないし「人以下」と見なすことである。ヘイト・スピーチが具体的個人に向けられていない場合には，個人の名誉を毀損しない。しかし一定の属性をもつ人々を継続的に，つまり生きながらにして人格権・生存権を否定されながら生き続けることを強いる。ないし，これを扇動する。ここに不当にその地位を貶めること，つまり不平等を見ることができる。
　一定の属性を有する集団に対する侮辱的表現は，それが不特定または多数の人々に向けて行われる場合，公共に対して偏見と蔑視を醸成する可能性が高い。民主主義社会においては，個々の市民が社会を構成する主体である。その際，まず何はともあれ，平等であることが保障されていなければならない。それなしには，現実の社会では，社会に参加する機会を得ることができない場合がきわめて多い。このような状態では，到底，社会を構成する主体とは到底なり得ない。集団に対する侮辱的表現は，それに属する人々全体と社会「一般」という形で不当に区別する重大な契機であり，その意味で民主主義社会にとって脅威である。このような表現は，民主主義にとって不可欠な社会への参加を阻害するという意味で社会侵害的といえる。
　他面，このような侮辱的表現が現実の社会において行われる高い可能性があることを捨象して法の下の平等を説いても，それは法の平等原則そのものが社会における差別を是認することになる。それゆえ，集団に対する侮辱的発言に

より，その集団に属する個々の人々の社会構成員としての地位を貶め，それにより社会における平等性を毀損するのであり社会侵害的行為といえる。

　ヘイト・スピーチは表現の自由の範疇にはなく，ただ，日本で法的に規制されていないだけである。

〔註〕
1）　安西文雄「法の下の平等㈠」国家学会雑誌105巻5・6号（1992年）314頁。
2）　前掲註1）安西・327頁。
3）　前掲註1）安西・330頁。
4）　前掲註1）安西・333頁。
5）　奥平康弘「『基本的人権』における『差別』と『基本的人権』の『制限』」名古屋大法政論集109号（1986年）256頁。
6）　前掲註5）奥平・262頁。
7）　前掲註1）安西・369頁。
8）　安西文雄「法の下の平等㈡」国家学会雑誌107巻1・2号（1994年）197頁。
9）　安西文雄「法の下の平等㈢」国家学会雑誌110巻7・8号（1997年）517頁。
10）　安西文雄ほか『憲法学読本』（有斐閣，2011年）96頁。
11）　黒人と白人とで学校が分かれている，白人を優先し，黒人を排除することは「教育の受ける権利」の侵害に当たるが，この権利の侵害は一時的なものであり，しかも，個人のレベルでは黒人だけの教育レベル高い学校に行けばこの問題は解決するとも言える。しかし，黒人排除は黒人を「二級市民」ないし「人以下」として扱っていることの証左であり，かれらを従属的地位に置き，しかも生きながらにしてその状態は継続する。このことがまさに不平等である。
12）　このような見解に対する批判として，内野正幸『差別的表現』（有斐閣，1990年）162頁以下。
13）　安西文雄「ヘイト・スピーチ規制と表現の自由」立教法学59号（2001年）36頁。
14）　前掲註13）安西・36頁以下。
15）　参照，志田陽子「アメリカ合衆国におけるヘイト・スピーチ規制立法をめぐる議論」武蔵野美術大学紀要33号（2002年）118頁以下。公権力が発する排除のメッセージに対処することが優先的課題であるとの主張はもっともなことである。このような理解からすると，侮辱的表現の標的とされている集団がヘイト・スピーチ規制の制定を政府に対して訴えることで圧力をかけることをどのように理解するのだろうか。そのような運動そもそもが事の本質を見誤っていると理解すべきなのであろうか。

## おわりに

　表現行為を保障することが憲法の保障する表現の自由の最大目的である。一人一人の市民が主権者として対等かつ平等な立場で社会に参加して，物事を決定するプロセスが民主主義制度であるならば，表現の自由がどの程度保障されているのかは，社会における民主主義制度の実現の到達度を測定する試金石と言える。その意味で表現の自由は民主主義制度にとって不可欠な権利である。これなしでは，そのような制度は絵に描いた餅である。

　それゆえ，ヘイト・スピーチに対する法的規制の肯否を考える際も，表現の自由の権利を十全に保障することを大前提にして検討しなければならない。表現行為に対する規制が問題になると，表現活動の萎縮と憲法の保障する表現の自由の制限，そして民主主義にとっての危機という問題が常に出てくる。なるほど，一定の表現行為が法的規制の対象となったとすると，政治的，文化的，歴史的，芸術的意味を含意した表現活動をしようとする者は，自己の表現行為によって処罰されるリスクを前にして行為を差し控えるかもしれない。国家に対して，社会に対してものを言うことができなくなってしまう。刑罰を科せられるリスクを知って，それでもなお表現をすることはとてつもなく勇気のいることである。多くの者は表現することを控えるか，一定の表現をタブーとするであろう。また，そのようなリスクを冒してまで国家に対して，または社会に対して何かを表現を表現したいとは考えなくなるであろう。そうなると，誰も国家について，社会について語らなくなるであろう。そうなると，それ以前に人々は語ることをおそれるであろう。そのような社会は，自由ではなく，民主主義のプロセスに基づいて国家及び社会の決定は行われず，民主政は形骸化するであろう。その意味で表現の自由の保障がきわめて重要であることを繰り返し主張する必要がある。国家並びに社会の事柄についての決定を対等でかつ平等な社会の構成員によってするということは民主政の大前提であることはいうまでもない。

差別的表現は一定の人々をその構成員から排除することを示しており，それゆえこのような表現行為は本来許されるべきではない。しかし，一人こっそりと陰湿に行われる落書きなどの差別的表現までも規制することはプライバシーへの介入を招くおそれが強くあると言える。街中に監視の目が張り巡らされることを許容することにもなりかねない。民主政を守るために自由を放棄するというのは，民主政における国家または社会に関する決定の主体の喪失を意味する。市民の決定主体としての地位の喪失は，民主政の形骸化はもちろんのこと，そのもとで国家への不信と同時に，国家への過度の信頼という異様な社会状況を生み出すであろう。このような社会事情は，人々の意識の中に，自分たちの生きている社会は極端な道を歩まないであろう，大丈夫だろう，という朧気な，何らの根拠もない信頼・安心感の中で起こりうる。ヘイト・スピーチ規制の肯否を検討する上でこのような危惧は十分に考慮しなければならない事項であり，表現の自由及びプライバシーの権利に配慮しながら検討を進めなければいけない。

　しかも，近年の日本では，特定の集団に向けられた表現活動は，しばしば人通りの多い道路や街の一角で公然と不特定多数の人々に聞こえるような態様で行われる。街宣活動やデモなどの機会に攻撃的な，好戦的な態様で表現行為が行われるのが近年の日本の状況である。「殺せ，殺せ，○○人！！」，「日本から出て行け，出て行け，ゴキブリ○○人」，「日本から出て行かなければ，南京大虐殺のつぎは鶴橋大虐殺をするぞ」等の発言を連呼するような表現行為がそれである。

　このような表現行為が日本でまさに問題になり始めたヘイト・スピーチである。誤解を恐れずにいうと，ヘイト・スピーチは，——おそらく従来の日本の憲法学界などが念頭に置いてきた——陰湿にこっそりと行われるような差別落書きなどの差別的表現と区別しなければならない。そうしなければ，なぜ，今，ヘイト・スピーチが社会で取り上げられたのか，しかもこれを論じなければいけないのか，想像できないのではなかろうか。本書は，ヘイト・スピーチを取り上げざるを得なくなった，看過できなくなった実際の事件と社会事情を具体例として示した上で，ヘイト・スピーチに対する法的規制の肯否を検討してきた。いずれの論者もヘイト・スピーチは許されないということでは一致している。

本書で各論者は，以下のことを論じた。

森の議論では，レイシズムを科学的レイシズムと文化的レイシズムに区別し，後者はさらに普遍主義的レイシズムという変種を生み出す。レイシズムをマジョリティが思想や意識においてもつことだけを理由として，ヘイト・スピーチが蔓延する社会状況が生み出されるわけでは必ずしもなく，そこに社会不安という要因が加わる。しかも——森の視点の注目すべきところであるが——その不安が，国家の政策やマスコミによってレイシズムと人為的に結びつけられることで，不安のありか（異質なものとしての外国人）とレイシズムにそしてその表れであるヘイト・スピーチにお墨付きを与える。これを森は上からのレイシズムと評価する。このようなレイシズムの形は，社会的な出来事の発生と，異質なものとしての外国人が対等・平等を求めたときにマジョリティの「逆ギレ」を生じさせ，レイシズムがあからさまに社会に表出し，ヘイト・スピーチとして現象化するとしている。森の議論によれば，哀れな存在と見られていた人々がその尊厳を求めて平等を求めることは，——自由のための闘争ならぬ——まさに平等のための闘争であり，社会的なコンフリクトを生じさせる。ヘイト・スピーチの克服は，人が人として生きること，対等かつ平等な社会の構成員であることの承認のための闘争のプロセスなのであろう。

安田は，『ネットと愛国』（講談社，2012年）を出版し，現在に至ってもなお，昨今の排外主義的デモとそれを支える人々の実像にせまる取材をしている。安田の議論は，朝鮮人や中国人などアジア系外国人をターゲットとする排外主義的活動と，そこで繰り返し連呼される差別的表現が，個人を名指ししていないとしてもその害悪は軽微である。また，単に人々をいらだたせる・不快にさせるという感情レベルの問題ではなく，「私，ずっと攻撃されてたやん。死ねって言われてた。殺してやるって言われてた。朝鮮人は追い出せって言われてた。あれ，全部，私のことやんか。私，ずっと攻撃されてた！ いいことなんて，少しもなかった！」，との，ヘイト・スピーチを浴びせられた女性の泣きながらの言葉に如実に示されているように，個人的経験として扱ってよい問題ではなく，しかも彼女の個人の感情レベルの問題では収まりきれないヘイト・ス

ピーチの真の害悪があることを明らかにしている。安田は言う，「ヘイト・スピーチは単なる罵声とは違う。もちろん言論の一形態でもない。憎悪と悪意を持って差別と排除を扇動し，人間を徹底的に傷つけるものである。まさに暴力そのものだ。言論ではなく，迫害であり，それ自体暴力なのだ」と。他面，排外主義デモに参加し，ヘイト・スピーチを連呼する人々は，ギラギラとして高揚感を周辺に漂わせ，時に小馬鹿にした笑い顔で罵詈雑言を吐気，しかしその行動に，いわゆる「軽さ」と強烈な印象を見る者に与える。なぜだろうか。彼らは自分たちの都合のよい歴史観と外国人観をもってムシのよい「被害者意識」を抱き，社会の構成員である自分たちが本来解決しなければならない現実に目を背ける。そこには，ヘイト・スピーチによって自分たちが誰を傷つけ，それに対して自分たちが何を背負わなければいけないのか，という責任の問題は認識の外にある。また，ヘイト・スピーチをまき散らした後の社会に対する責任についても認識の外にある。差別の扇動，マイノリティへの攻撃に毅然とした態度で向き合うのは，社会に生きる者としての義務なのだとの安田の最後の指摘は，排外主義的運動への取材を通じて知るに至った者の「人間」としての責任を垣間見ることができる。

　中村は，日本においてヘイト・スピーチが社会的に取り上げられる大きなきっかけとなった京都朝鮮第一初級学校に対する襲撃事件（2009年12月4日）を扱った『ルポ　京都朝鮮学校襲撃事件』（岩波書店，2014年）を出版しており，レイシズムの表出であるヘイト・スピーチが与える被害者への害悪と衝撃を当事者に密着して克明に示している。中村は，京都事件の際に罵声・怒声を浴びた学校の生徒たち，教員そして保護者たちの受けた心的被害が甚大であったことを示している。被害の内容の一つ目として，甚大であるがゆえに，時として「帰責の誤り」が生じるという。これは被害者が被害にあったことにつき自分に非を見つけようとする心理的行動である。「日本に住んでいる限りこのような被害に遭うことは仕方がない，自分たちはもっとおとなしくしておかなければいけない。」，と自らを非難してしまう。二つ目として，喪失感がある。日本社会が発展し，成熟する中，在日の人々も日本での生活をよりよくするために必死にがんばってきた。まさか21世紀に及んでひどいヘイト・スピーチを浴びせか

けられるとは想像すらしなかった。喪失感は，とりわけ朝鮮学校に関して高校無償化の対象から除外されるという政府・上からのレイシズムによって，民間のレイシズムが「お墨付き」をもらうことによって増幅する。この指摘は森のそれと論理において軌を一にする。三つ目として，余りにも理不尽な差別を受けた者はこれに反論することはなく（することができず）黙り込んでしまう，つまり沈黙効果がある。ジョン・ロールズは，人間社会における第一善を自尊（self-respect）であると主張した。ヘイト・スピーチの害悪の本質は，究極的には，被害者の自尊を奪い，喪失させることにある。ヘイト・スピーチは単に聞いて不快である，腹が立つなどの感情的なレベルの問題ではない。

　遠藤は，ドイツによる，ホロコーストであるアウシュヴィッツでのユダヤ人大虐殺と，南京大虐殺並びに従軍慰安婦と呼ばれる性奴隷制度を二度と繰り返させないために，決定プロセスの制度であり，かつ防壁としての民主主義の意義を見て取る。遠藤は，弁護士としてまさに関わった事案を例に挙げ，その一つとして，民主主義を実現するための表現の自由の意義について語る。投票場で投票することの認められた者だけが主権者として選挙に参加でき，本来参加することができるはずの人々がこれに参加できず，そのため自己の主権者としての地位を確認するための行動と発言をしたことを裁判所によって「犯罪」だとされた。表現の自由とは本来国家・政府による不当な態度に対して主権者として声を上げることに真骨頂がある。これを「理性的討議によってことを決する民主的討議の前提」と神々しく理解するならば，表現の自由は絵に描いた餅であろう。かつて日本では表現の自由には留保が付され，民主主義がない国家状況で戦争の惨禍を経験することになった。遠藤は，民主主義の否定の実例として住民票の大量消除を戦争の惨禍と同列にとらえる。まさに主権者であるはずの者が選挙権を否定され，これに抗議する行動が表現の自由ではないと否定されることは，「民主主義国家」による民主主義の自己否定に他ならない。これに対して，もう一つの関わった事件である京都朝鮮第一初級学校に対する襲撃事件では，人種差別を助長し扇動する団体及び組織の宣伝活動を禁止することが「表現の自由」の観点から問題があるのか，と自問し，「日本国憲法下の表現の自由」からすればそうではなく，本質は，アウシュヴィッツに匹敵する南

おわりに　181

京大虐殺並びに従軍慰安婦についてその責任追及が余りにも不十分であると述べる。遠藤は，ヘイト・スピーチについて問われるべきは，人の差別感情がなくなるのかということではなく，被害者がどのような苦しみを受けるのかということだと指摘するが，これは中村の指摘と一致する。被害者は苦しみ，自分たちにヘイト・スピーチを浴びせた人々を憎み，民主主義が形骸化することで負のスパイラルが生まれる。「従軍慰安婦の問題をきちんとしなければあなたたちの子供たちが大変なことになるよ」，との元従軍慰安婦の女性の言葉は余りにも重い。

　小谷は，憲法学の見地からかねてよりヘイト・スピーチの問題に理論的に取り組んできた第一人者である。第5章・第6章では小谷のヘイト・スピーチに対する見解が総括的に示されており，大変重要な論考である。小谷は，憲法21条の表現の自由が保障されている日本の法制度の下でヘイト・スピーチ規制が合憲性をもちうるのかを検討する。刑法・民法・人権法など様々な法領域の議論に配慮しながら，一定の表現規制が許容されていることに照らして，ヘイト・スピーチについても法的規制を正当化することができるとしつつ，そこで議論を止めるのではなく，それでもなお，考慮すべき論点はないかとさらに慎重に議論を展開する。小谷は，ヘイト・スピーチの定義づけと規制対象表現や態様の限定という理論レベルの問題，立法過程における恣意的な文言修正の可能性，ヘイト・スピーチ規制を端緒とする表現規制の乱発という立法実務レベルの問題，立法制定後の恣意的な運用の可能性という警察実務並びに司法実務レベルの問題について細心の懸念を表しており，これらの懸念を克服したとしても，最後に規制できるのはごく一部の態様のヘイト・スピーチに過ぎないと述べる。これらのことを衡量すると，あえて法的規制をすることにどれほどの意義があるのか，むしろ表現の自由が制限されることや，マイノリティに対して法的規制の刃が向けられることなどのリスクの方が高いとする。アメリカではヘイト・スピーチに対する法的規制はないが，しかし人種差別に対しては敏感であり，ヘイト・クライム法などの適用によって人種差別動機に基づく犯罪に対処することや，政府による人種差別解消のためのメッセージの発信が行われており，ヘイト・スピーチ規制を差別解消の糸口とするよりも，他の手法に

よることにも思考を巡らすべきだと述べる。

　櫻庭は，ドイツ刑法130条の民衆扇動罪規定と関連させて刑法学の見地からヘイト・スピーチ規制の問題に取り組んできた第一人者である。櫻庭は，『ドイツにおける民衆扇動罪と過去の克服』(福村出版，2012年)と題する研究書を出版しており，本論文は，当書をまとめたものではなく，そこでは書ききれなかった論点についても検討を加えており，櫻庭の議論を発展させている。櫻庭は，従来は憲法学の分野でしか扱われてこなかったヘイト・スピーチの問題を，これが本来は刑法学で真っ先に取り組まなければならないはずの問題であるのに，実際には当分野では取り組まれてこなかったこと，等閑視されていたこと，はたまた無認識であったことに警笛を鳴らしており，まさに刑法学における啓蒙といえる。櫻庭はドイツにおける民衆扇動罪の導入の背景やその運用のあり方をふまえた上で日本におけるヘイト・スピーチに対する刑事規制の肯否を検討する。櫻庭のヘイト・スピーチや差別解消に向けた基本的視点は，おそらく理解促進型と処罰先行型という二つの方向性の異なる政策という基本的パースペクティブを軸にして，刑罰によるヘイト・スピーチ規制がいずれの型に由来し，それが果たして社会における共生を導くのに寄与するのか，ということにあると思われる。そこで刑法学分野でのヘイト・スピーチ規制の議論について検討を加える中で，「刑罰による問題解決の試みは，刑法の教育効果ないし規範形成の可能性に過度に期待しており，それだけでは差別の歴史性・構造性を問題にすることには限界がある。個人に対する処罰を手続の終局とする刑事裁判実務では，差別の歴的構造的問題が必然的に捨象され，ヘイト・スピーチをした個人の問題に矮小化されてしまう」と批判する。そのため，理解を促進する，刑罰的対応以外の法政策の可能性を模索すべきと主張する。そこで櫻庭は，刑罰を含まない差別禁止基本法，差別の実態調査，そして人権救済機関の設置を提唱する。これによってヘイト・スピーチや差別による本質的な害悪について正しく認識できるとしている。櫻庭の議論は至極もっともである。何ら批判もない。日本社会において連綿として差別問題は歴史問題であり，社会の根っ子にあり，取り払うことができていない社会問題でもある。櫻庭の提唱は，従来からも主張されてきており，その意味では目新しくはない。

しかし，刑法の見地から提唱の意義を示したことは新たな発見といえる。これに対して，従来，法学の世界で「差別的表現」として議論された差別行為が，ヘイト・スピーチと呼ばれるに至った経緯をどのように理解するであろうか。すなわち，侮辱的表現が公然と街頭上で行われる表現行為態様の劇的変化やその背景にある社会状況をどのように理解するのであろうか。

　拙稿（金）では，以下のことを論じた。
　従来から，教育や社会的啓蒙活動を通じて，個人に対する侮辱や差別行為をしてはならない，また人の出自や民族などの属性に対する同様の行為も同じくしてはならないことと教えられてきた。個人を侮辱することや，人の属性を侮辱することが「してはいけないこと」であるということは，社会的に見て広く承認されている。
　法的には，個人の名誉を毀損することについては刑法上，民事上規制されている。これらの法律は，個人の中核的権利である人格権とその具体化したものとしての名誉を毀損することから保護している。これに対して，民族・属性に対する侮辱・差別的表現行為は規制されていない。しかし，一定の属性によって特徴づけられる集団に対する差別的行為，たとえば，差別デモがおこなわれた場合，対等でかつ平等であるはずの人間によって構成される社会において，標的とされている一定の属性によって特徴づけられる集団に属する人々の社会的平等が毀損されているのではなかろうか。なぜなら，そのような差別デモなどが，その属性だけを根拠にして正当な理由なく一定の行為を要求し，また社会的に広めようとすることで，一定の属性を有する人々を蔑むことを社会的に促進し，彼らを同じ人として見なさず，従属的な地位に貶めるからである。このような意味で規制されていないことがイコール自由である，つまり表現の自由であることを必ずしも意味しない。
　そもそも表現の自由が万能の権利ではないことは名誉毀損・侮辱罪による制限から既知のことである。社会が変遷する過程において新たな諸関係や構造が生成され，また同時に新たな社会認識も生成される。このような変化に対応して，一つの言論が表現の自由を根拠にして正当化されるかについても可変的であるというべきである。その意味で，差別的デモなどの表現行為を規制するこ

とが表現の自由を不当に制限するのかといえば必ずしもそうとはいえない。ただ，特定の個人に向けられていないこととの関係上，行為客体が特定されないことにともなって被害者が特定できないという事情から規制することは控えていたともいえ，必ずしも表現の自由として許容されるべき言論であることを理由とするわけではないことに注意を必要とする。社会においては，人々は，自己の歴史の一つとして出自，性向，民族などの属性を有することは社会的事実として認識されている。社会の構成員である人々は，この民族・属性に基づいて人格形成をし，自らのアイデンティティを形成・確保する。とりわけ社会のマイノリティとなる属性をする人々は，自己のアイデンティティを形成・確保するために自己の属性を強く意識することもある。社会は単に何らの背景も持たない個人の集まりとして形成されているだけではなく，様々な属性を有する個人から形成されている。その意味で，社会的存在としての個人にとって彼の有する属性もアイデンティティに含まれる。この属性に対して侮辱または差別的表現行為をすることは，当該属性をもつ人々を対等な人間とは見なさず，それにより社会における平等関係を毀損し，社会参加の機会を阻害することになる。特に，公共の場での外国人差別デモの蔓延・頻繁化は，このような差別的表現行為に対する規制を促す事情として理解することができる。その際，規制手段が法的なものであったとしても，即自的に表現の自由に対して萎縮効果を及ぼすと評価するのは早計ではないだろうか。反対に，公共の場での差別的表現行為を表現の自由の名の下に「許容」することの方が当該性とこれを有する人々を社会的に否定・排除することになり，民主主義的社会の根本基盤である平等な関係を毀損し，社会参加の機会を阻害しているのではないだろうか。

　したがって，ヘイト・スピーチは，表現の自由の範疇にはない。それは，まさに社会的平等を危険にさらす社会侵害的行為なのだ。

　このような社会認識と精神を共有しながらも，本書の各論者は，それぞれの学問や理論的パースペクティブに基づいて，ヘイト・スピーチを規制することが法的に可能であるか，これを現行法体系において許容できるか，規制することは逆効果になるのではないか，はたまた法的規制だけでは問題を解決することはできないのではないか，などと一人の人間の頭では思いを至らすことに限

界のある様々な視野を提示しながら検討している。その意味で，本書ではヘイト・スピーチが社会的に問題であるからといって，即規制すべきだという，まず結論ありきの構成を採ることは厳に慎んだ。――憲法学界など専門領域ではともかく――ヘイト・スピーチは日本社会にとっては立法による規制が話題になる新しい問題である（実は昔からあるのだが）。そのため，異なる見解と議論の構成を読んでいただくことで，ヘイト・スピーチ問題の本質を理性的に公共的に討論することが可能になる一助となれば，本書は，その目的を一つ達成することができるといえる。

2014年7月8日

執筆者を代表して　金　尚均

■執筆者紹介

**森　千香子**（もり・ちかこ）　　　　　　　　　　　　　　　　　　　第 1 章
　1972年生．フランス社会科学高等研究院社会学研究科博士課程修了／博士（社会学）
　現在，一橋大学大学院法学研究科准教授
　〔主要業績〕
　　『国境政策のパラドクス』（勁草書房，2014年／共編著），『レイシズムと外国人嫌悪』（明石書店，2013年／共著）

**安田　浩一**（やすだ・こういち）　　　　　　　　　　　　　　　　　　第 2 章
　1964年生．慶應義塾大学経済学部卒業
　現在，フリージャーナリスト
　〔主要業績〕
　　『ネットと愛国』（講談社，2012年），『ルポ　差別と貧困の外国人労働者』（光文社，2010年）

**中村　一成**（なかむら・いるそん）　　　　　　　　　　　　　　　　　第 3 章
　1969年生．立命館大学文学部卒業
　現在，フリージャーナリスト
　〔主要業績〕
　　『ルポ　京都朝鮮学校襲撃事件』（岩波書店，2014年），『声を刻む』（インパクト出版会，2005年）

**遠藤　比呂通**（えんどう・ひろみち）　　　　　　　　　　　　　　　　第 4 章
　1960年生．東京大学法学部卒業
　現在，弁護士
　〔主要業績〕
　　『人権という幻』（勁草書房，2011年），『不平等の謎』（法律文化社，2010年）

**小谷　順子**（こたに・じゅんこ）　　　　　　　　　　　　第 5 章・第 6 章
　1972年生．慶應義塾大学大学院法学研究科後期博士課程単位取得退学
　現在，静岡大学人文社会科学部教授
　〔主要業績〕
　　『現代アメリカの司法と憲法』（尚学社，2013年／共編著），『表現の自由Ⅰ』（尚学社，2011年／共著）

**櫻庭　総**（さくらば・おさむ）　　　　　　　　　　　　　第 7 章・第 8 章
　1980年生．九州大学大学院法学府博士後期課程修了／博士（法学）
　現在，山口大学経済学部准教授
　〔主要業績〕
　　『ドイツにおける民衆扇動罪と過去の克服』（福村出版，2012年），『歴史に学ぶ刑事訴訟法』（法律文化社，2013年／共著）

**金　尚均**（キム・サンギュン）＊編者　　　　　　　　　　第 9 章・第10章
　1967年生．立命館大学大学院法学研究科博士後期課程中退
　現在，龍谷大学大学院法務研究科教授
　〔主要業績〕
　　『ドラッグの刑事規制』（日本評論社，2009年），『危険社会と刑法』（成文堂，2001年）

## ヘイト・スピーチの法的研究

2014年9月10日　初版第1刷発行
2016年6月30日　初版第3刷発行

| | | |
|---|---|---|
| 編　者 | 金　　尚　均 | （キム　サン　ギュン） |
| 発行者 | 田　靡　純　子 | |
| 発行所 | 株式会社　法律文化社 | |

〒603-8053
京都市北区上賀茂岩ヶ垣内町71
電話 075(791)7131　FAX 075(721)8400
http://www.hou-bun.com/

＊乱丁など不良本がありましたら，ご連絡ください。
　お取り替えいたします。

印刷：亜細亜印刷㈱／製本：㈱藤沢製本
装幀：白沢　正

ISBN 978-4-589-03618-6
Ⓒ2014　Kim Sangyun Printed in Japan

JCOPY　〈(社)出版者著作権管理機構　委託出版物〉

本書の無断複写は著作権法上での例外を除き禁じられています。複写される場合は，そのつど事前に，(社)出版者著作権管理機構（電話 03-3513-6969，FAX 03-3513-6979, e-mail: info@jcopy.or.jp)の許諾を得てください。

西日本新聞社会部著
# ルポ・罪と更生
A5判・268頁・2300円

捜査・公判・刑罰の執行・更生など，刑事司法の全過程を概観。取材班渾身のルポを中心に，基礎知識についてもわかりやすく解説。リアルな現場を徹底取材した大好評連載「罪と更生」の書籍化。司法福祉の入門書としても最適。

村井敏邦・後藤貞人編
# 被告人の事情／弁護人の主張
―裁判員になるあなたへ―
A5判・210頁・2400円

第一線で活躍する刑事弁護人のケース報告に，研究者・元裁判官がそれぞれの立場からコメントを加える。刑事裁判の現実をつぶさに論じることで裁判員になるあなたに問いかける。なぜ〈悪い人〉を弁護するのか。刑事弁護の本質を学ぶ。

遠藤比呂通著
# 不平等の謎
―憲法のテオリアとプラクシス―
四六判・242頁・2700円

パウル・ティリッヒが問うた「不平等」という最大の謎への解き明かしの試み。研究者から弁護士へと転身した著者の理論変遷を展開。憲法訴訟における通説的な理解に根底から疑問を呈し，実務に沿った考え方を提示する。

石埼 学・遠藤比呂通編
# 沈黙する人権
四六判・292頁・3200円

人権の定義・語り自体が人間を沈黙させる構造悪であることを指摘し，根底にある苦しみに寄り添い，その正体に迫る。言いたいことを言い出せない構造や日本社会の差別の現状を批判的に分析。人権〈論〉のその前に。

松宮孝明編
# ハイブリッド刑法総論
# ハイブリッド刑法各論〔第2版〕
A5判，総論340頁・3300円：各論390頁・3400円

基本から応用までをアクセントをつけて解説した刑法の基本書。レイアウトや叙述スタイルに工夫をこらし，基礎から発展的トピックまでを具体的な事例を用いてわかりやすく説明。総論・各論を相互に参照・関連させて学習の便宜を図る。

内田博文編
# 歴史に学ぶ刑事訴訟法
A5判・302頁・2800円

判例のもつ問題・射程・意義を歴史的，憲法理念的視点から検証することで，あるべき法解釈にむけての課題を提示。既存の理論を批判的に考察することで，新たな課題を発見・分析・解決する思考法を涵養する。

―法律文化社―

表示価格は本体（税別）価格です